Prof. Dr. med. Peter Pfannenstiel
Prof. Dr. med. Lothar-Andreas Hotze

Wirksame Hilfe bei kranker Schilddrüse

Prof. Dr. med. Peter Pfannenstiel
Prof. Dr. med. Lothar-Andreas Hotze

Wirksame Hilfe bei kranker Schilddrüse

Unter Mitarbeit
von Lena Brax

TRIAS

Redaktion: Werner Waldmann
Umschlaggestaltung:
Cyclus · D+P Loenicker,
Stuttgart
Illustrationen:
Carin Mutter
Fotos: Mauritius (Umschlag vorne), Prof. Peter Pfannenstiel (7 und Umschlag hinten), MEV (1), Werner Waldmann (1)
DTP-Design:
Bernd Hirschmeier
Druck: Imago Pte Ltd.,
Singapore
Konzeption und Produktion:
WZ Media, Stuttgart

ISBN 3-89373-738-3

Wichtiger Hinweis: Medizin als Wissenschaft ist ständig im Fluss. Soweit in diesem Buch eine Dosierung oder eine Applikation erwähnt wird, darf der Leser zwar darauf vertrauen, dass Autor und Verlag größte Mühe darauf verwandt haben, dass diese Angabe genau dem Wissensstand bei Fertigstellung des Werkes entspricht. Dennoch sollte jeder Benutzer die Beipackzettel der verwendeten Medikamente prüfen, um in eigener Verantwortung festzustellen, ob die dort gegebene Empfehlung für Dosierungen oder die Beachtung von Kontraindikationen gegenüber der Angabe in diesem Buch abweicht. Benutzer außerhalb der Bundesrepublik Deutschland müssen sich nach den Vorschriften der für sie zuständigen Behörden richten.

Geschützte Warennamen (Warenzeichen) werden nicht besonders kenntlich gemacht. Aus dem Fehlen eines solchen Hinweises kann nicht geschlossen werden, dass es sich um einen freien Warennamen handelt.

Anschrift der Autoren:
Gemeinschaftspraxis
Prof. Dr. med.
Peter Pfannenstiel und
Prof. Dr. med.
Lothar-Andreas Hotze
Peter-Sander-Str. 15
55252 Mainz-Kastel
Tel.: 0 61 34/72 02-0
Fax: 0 61 34/72 91 55

Die Deutsche Bibliothek – CIP-Einheitsaufnahme

Pfannenstiel, Peter:
Wirksame Hilfe bei kranker Schilddrüse : wie Jodmangel sich im Körper auswirkt ; die wichtigsten Untersuchungen und Therapien ; so ernähren Sie sich richtig / Peter Pfannenstiel ; Lothar-Andreas Hotze. – Stuttgart : TRIAS, 1997
(Gesundheit kompakt)

Verlag und Schilddrüsen-Liga Deutschland e. V. danken den Autoren, dass sie ihr Honorar für dieses Buch der Schilddrüsen-Liga zur Unterstützung ihrer Aktivitäten als Spende zur Verfügung gestellt haben.

Die Kenntnis vieler Menschen über ihre Schilddrüse ist gering. Selbst wenn sie wissen, dass diese kleine Drüse in der Halsregion liegt, können nur die wenigsten sagen, welche Aufgaben sie erfüllt. Das ist insofern unverständlich, da mittlerweile zwischen 30 und 40 Prozent der Bevölkerung unter einer - zum großen Teil unerkannten - Schilddrüsenkrankheit, dem Kropf, leiden. Auch andere Krankheiten dieser schmetterlingsförmigen Drüse wie die Schilddrüsenunterfunktion sind nicht selten, werden häufig jedoch nicht erkannt.

Vielen ist ebenfalls nicht bekannt, dass es ganz einfach ist, der häufigsten Schilddrüsenkrankheit, dem Kropf, vorzubeugen. Dieses Buch hat das Ziel, diese Informationslücken zu decken. Es will sowohl Schilddrüsenkranken, Familienangehörigen als auch interessierten medizinischen Laien in verständlichen Worten erklären, welche Funktionen die Schilddrüse erfüllt, wie sich Krankheiten der Schilddrüse äußern und wie man sie behandelt. Großer Wert wird dabei auch auf die Prävention - also die Vorbeugung - von Schilddrüsenkrankheiten gelegt.

Denken Sie außerdem daran: Je mehr Sie über Schilddrüsenkrankheiten wissen, umso besser verstehen Sie, was Ihr Arzt mit bestimmten Untersuchungen und Behandlungsmethoden bezweckt. Zudem verlieren Sie als aufgeklärter und informierter Patient einen Großteil Ihrer Ängste und können die von Ihrem Arzt empfohlene Behandlung besser verstehen.

Wer mehr Informationen wünscht, sei auf den im gleichen Verlag erschienenen Ratgeber „Nichts Gutes im Schilde - Krankheiten der Schilddrüse“ von Prof. Peter Pfannenstiel und Werner Schwarz hingewiesen.

Die Autoren

Prof. Dr. med. Peter Pfannenstiel und Prof. Dr. med. Lothar-Andreas Hotze leiten eine überregionale Schwerpunktpraxis für Schilddrüsenkranke in Mainz-Kastel. Sie zählen zu den führenden Schilddrüsenspezialisten in Deutschland. Sie sind Mitbegründer der Schilddrüsen-Liga. Prof. Pfannenstiel ist deren Vorsitzender.

Inhalt

Was Sie von diesem Buch erwarten können

Eine Reihe von Menschen leidet, ohne es zu wissen, an einer Schilddrüsenkrankheit. Mit einer solchen Krankheit gehen oft zunächst keine Symptome einher. Treten nach einer Weile Beschwerden auf, werden diese häufig nicht auf die Schilddrüse zurückgeführt. Oft wird stattdessen eine andere Krankheit hinter den körperlichen Problemen vermutet. Wird das Schilddrüsenproblem zu lange verkannt und bleibt eine Behandlung aus, kommt es – wie bei den meisten Krankheiten – zur allmählichen Verschlechterung des Gesundheitszustandes. Eine Therapie wird immer schwieriger, oft auch langwieriger.

Manche Schilddrüsenkrankheiten sind vermeidbar!

Leider sind viele Schilddrüsenkrankheiten „hausgemacht" – ein Kropf entsteht zum Beispiel durch den Mangel an Jod in der Nahrung. Da Deutschland ein Jodmangelgebiet ist, gibt es dementsprechend viele Menschen mit einem Kropf: Man schätzt, dass 50 Prozent der Bevölkerung betroffen sind. Die meisten wissen jedoch nicht, dass sie eine vergrößerte Schilddrüse haben. Durch eine ausreichende Jodzufuhr wäre es ein Leichtes, die Zahl der Schilddrüsenkranken in Deutschland zu verringern. Allerdings ist der Zusammenhang zwischen Jodmangel und der Entstehung von Schilddrüsenkrankheiten in der Bevölkerung noch nicht ausreichend bekannt.

Die meisten Schilddrüsenbeschwerden könnten durch vorbeugende Maßnahmen verhindert werden.

Aufklärung und Vorbeugung helfen

Obwohl es so einfach ist, manchen Schilddrüsenkrankheiten vorzubeugen, wird diese Möglichkeit in Deutschland noch nicht genug genutzt. Dieses Buch hat unter anderem zum Ziel, Sie darüber aufzuklären, was Sie tun können, damit es erst gar nicht zu einer Schilddrüsenkrankheit kommt. Schließlich ist vorbeugen immer besser als heilen!

Da Schilddrüsenkrankheiten häufig über längere Zeit verkannt werden, will dieses Buch Ihnen detailliert die Symptome der – nicht gerade seltenen – Krankheiten schildern. Es soll Ihren Blick für Beschwerden schärfen, die ganz allmählich auftreten und sich nach und nach verschlimmern. Falls Sie nach den Beschreibungen der Krankheiten meinen, Sie könnten unter Problemen der Schilddrüse leiden, scheuen Sie sich nicht, dies auch Ihrem Arzt mitzuteilen.

Informierte Patienten haben in der Regel weniger Angst vor einer Behandlung.

Selbstverständlich will das Buch Ihnen auch Hilfestellung geben, wenn Sie bereits unter einer Schilddrüsenkrankheit leiden. Manchmal ist in der Arztpraxis nicht genügend Zeit für nähere Erklärungen, warum diese oder jene Untersuchung durchgeführt oder eine bestimmte Behandlung angeordnet wird. Vielleicht haben Sie auch nicht gewagt zu fragen. Oder Ihnen fielen manche Fragen erst ein, nachdem Sie die Arztpraxis bereits verlassen hatten. Einige Therapieverfahren versteht man auch erst, wenn bestimmte Zusammenhänge klar sind. Alle offenen Fragen möchte dieses Buch Ihnen beantworten. Es will Sie zudem beraten, welche Behandlung für Sie die geeignete sein könnte. Selbstverständlich sollen auch mögliche Folgen und Nebenwirkungen der verschiedenen Behandlungsmöglichkeiten nicht verschwiegen werden. Im Großen und Ganzen will Ihnen dieses Buch bei allen Problemen der Schilddrüse mit verständlichem Rat zur Seite stehen.

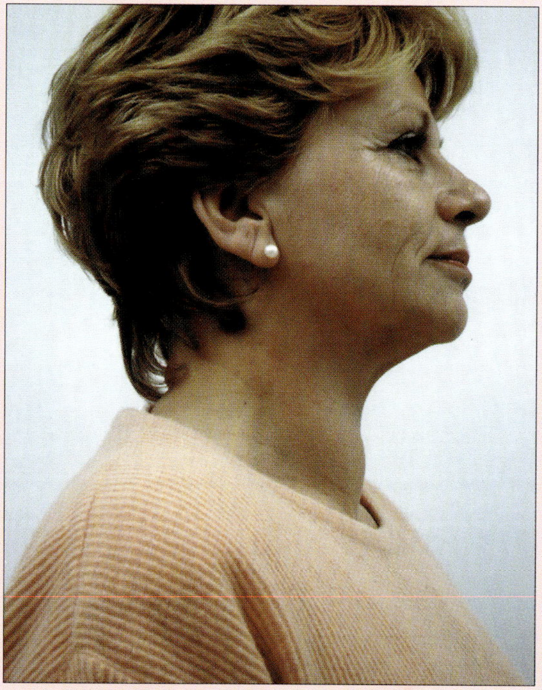

Was Sie über die Schilddrüse wissen sollten

Schilddrüsenkrankheiten tarnen sich oft: Ihre Symptome werden daher oft anderen Krankheiten zugeschrieben oder bei älteren Menschen als normale Alterserscheinungen gedeutet. Deshalb möchte Sie das folgende Kapitel über Schilddrüsenkrankheiten und ihre Begleiterscheinungen aufklären. Sie erhalten zudem Informationen über die Bedeutung der Schilddrüse.

Die Schilddrüse und ihre Lage

Lage der Schilddrüse

Wo ihr Herz oder ihre Nieren sich im Körper befinden, wissen die meisten Menschen. Dass sich die Schilddrüse im vorderen Halsbereich befindet, ist hingegen nicht allen Menschen bekannt.

Das ist kein Wunder, denn solange die Schilddrüse keine Beschwerden verursacht, ist sie in den wenigsten Fällen zu sehen oder zu spüren. Schließlich ist sie im Normalzustand nur wenige Gramm schwer.

Die Schilddrüse besteht aus zwei Lappen, die durch einen weiteren Gewebelappen miteinander verbunden sind.

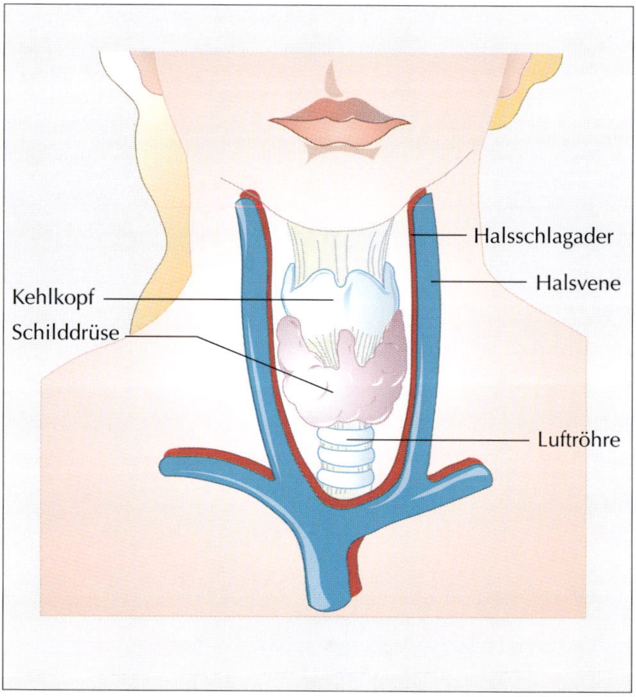

Die Schilddrüse liegt in unmittelbarer Nachbarschaft der Luft- und der Speiseröhre.

Unterhalb des Kehlkopfes befindet sich die von ihrer Form an einen Schmetterling erinnernde Schilddrüse. Sie besteht aus zwei wie Flügel aussehenden Lappen, die durch einen Gewebesteg, den so genannten Isthmus, miteinander verbunden sind. Hinter der Schilddrüse verlaufen Luft- und Speiseröhre. In ihrer Nähe ziehen sich Halsschlagader und Halsvene entlang. Auch die Nerven, die für die Funktion der Stimme zuständig sind, liegen in unmittelbarer Nähe der Schilddrüse. An den insgesamt vier Polen der beiden Schilddrüsenlappen befinden sich noch die vier Nebenschilddrüsen, die in etwa die Größe eines Pfefferkorns besitzen, aber mit der eigentlichen Funktion der Schilddrüse nichts zu tun haben (siehe S. 93). Von Interesse sind die in unmittelbarer Nachbarschaft liegenden Organe, Nerven und Blutgefäße, weil sie im Verlauf einer Krankheit oder bei einer Behandlung der Schilddrüse in Mitleidenschaft gezogen werden können.

Kann man die Schilddrüse von außen sehen?

In der Regel kann die Schilddrüse von einem Laien von außen nur erkannt werden, wenn sie krankhaft vergrößert ist, wenn also ein Kropf besteht. Allerdings ist sie manchmal auch bei Menschen mit besonders schmalen, schlanken Hälsen sichtbar.

Die Glandula thyroidea, wie die Schilddrüse mit ihrem lateinischen Namen heißt, wiegt im Normalfall bei einer erwachsenen Frau höchstens 18 Gramm, beim Mann bis zu 25 Gramm. Im Laufe der Embryonalentwicklung des Kindes befindet sie sich zunächst unter der Zunge. Die Lage unterhalb des Kehlkopfes erreicht die Schilddrüse etwa in der siebten Schwangerschaftswoche. Ab der zehnten Schwangerschaftswoche nimmt die Schilddrüse den Hormonbaustein Jod auf und beginnt, Schilddrüsenhormone zu produzieren.

Bereits in der Schwangerschaft produziert das Ungeborene eigenständig Schilddrüsenhormone.

Aufbau der Schilddrüse

Schilddrüsenaufbau

Die Schilddrüse ist ein Organ, das Hormone herstellt und diese an das Blut abgibt, die sich im gesamten Körper zur Steuerung der Organfunktionen verteilen.

Der Aufbau der Schilddrüse ist dieser ganz speziellen Aufgabe bestens angepasst. Umgeben ist die Drüse von einer doppelten Bindegewebsschicht, die ihr Schutz verleiht. Im Inneren dieses Organs schließlich befinden sich die Zellen, die die Schilddrüsenhormone produzieren.

Speicher für Hormone

Die Zellen der Schilddrüse, Thyreozyten genannt, stellen die Hormone her. Diese Zellen liegen dicht nebeneinander und sind so angeordnet, dass sie kleine Bläschen, die Follikel, bilden. Diese kleinen Bläschen sind nämlich die eigentlichen Speicher der Schilddrüse für die Hormone.

Der Feinaufbau der Schilddrüse ist genau auf die Funktion der Drüse zugeschnitten.

Die Follikel enthalten eine zähflüssige Substanz, das so genannte Kolloid. Es besteht aus verschiedenen Stoffen, darunter einem Speichereiweiß mit dem etwas verzwickten Namen Thyreoglobulin. Dieses Speichereiweiß bindet die von den hormonproduzierenden Zellen gebildeten Schilddrüsenhormone, kann sie aber jederzeit freisetzen, wenn der Körper sie benötigt. In diesem Fall gelangen sie erneut zu den Zellen der Schilddrüse und werden von dort in kleine und kleinste Blutgefäße verfrachtet, welche die Follikel umgeben.

Über das Blut gelangen sie schließlich an ihre Zielorte, die Zellen, im gesamten Körper.

Im Normalzustand sind die Follikel gut gefüllt, aber nicht übervoll mit Hormon. Bei bestimmten Krankheiten der Schilddrüse wird jedoch so viel Hormon an den Körper abgegeben, dass die Follikel einschrumpfen. Sie können jedoch auch groß und prall und damit übervoll mit Hormonen sein. Auch dies ist auf eine Krankheit der Schilddrüse zurückzuführen.

Die C-Zellen – Fremdlinge in der Schilddrüse

In der Schilddrüse sind noch weitere Zellen angesiedelt, die mit der Herstellung der Schilddrüsenhormone nichts zu tun haben. Sie nennen sich C-Zellen und liegen - wie die Blutgefäße - zwischen den Follikeln. Zwar sind sie Fremde in der Drüse, doch sie haben selbstverständlich auch eine Funktion - die Natur hat sich schon etwas dabei gedacht, als sie die C-Zellen hier unterbrachte. Diese Zellen stellen das Hormon Calcitonin her. Daher rührt auch der Name C-Zellen. Calcitonin wird ausgeschüttet, wenn die Calciumkonzentration im Blut zu hoch ist - das Hormon senkt daraufhin den Calciumspiegel.

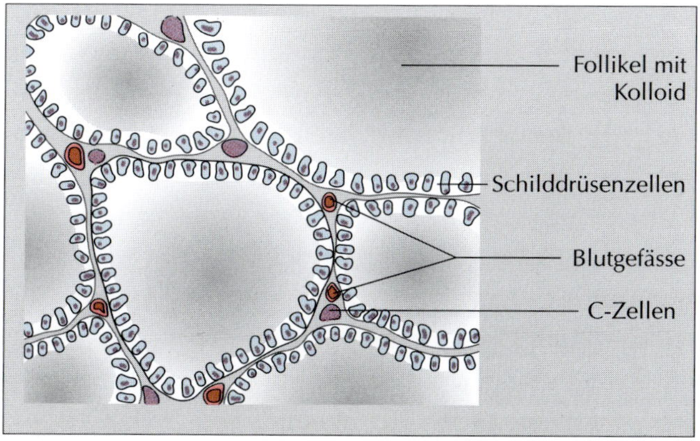

Die Follikel sind die Speicher der Schilddrüse für die Hormone, die die Schilddrüsenzellen hergestelllt haben. An die Blutgefäße abgegeben, verteilen sich die Hormone im gesamten Körper.

Die Rolle der Schilddrüse und ihrer Hormone

Funktion der Schilddrüse

Die Schilddrüse gehört zu den wichtigsten Organen des Körpers. Die von ihr hergestellten Hormone sind für jeden Menschen – ob Kleinkind oder Greis – lebensnotwendig.

Ohne Schilddrüsenhormone ist ein Mensch nicht lebensfähig!

Hormone sind Botenstoffe – sie bewirken im Körper bestimmte Vorgänge und übertragen Informationen von einem Ort des Körpers zu einem anderen. Den Schilddrüsenhormonen, über deren Herstellung Sie selbstverständlich auch noch etwas erfahren, kommt dabei eine besondere Rolle zu: Sie sind es, die den Stoffwechsel, zum Beispiel die Umwandlung von Nahrung in für den Körper notwendige Energie, in Gang setzen.

Die Hormone wirken auf alle Zellen im menschlichen Körper – auf die Nervenzellen genauso wie auf die Knochen- und die Muskelzellen. Alle Organe benötigen die Schilddrüsenhormone für ihre Funktionsfähigkeit. Ohne sie bleiben Kinder in ihrem Wachstum und ihrer geistigen Entwicklung zurück. Auch die Psyche wird von der Schilddrüse beeinträchtigt. Arbeitet sie nicht so, wie sie es soll, kommt es zu Stimmungsschwankungen und/oder seelischen Problemen.

Auch die Über- und Unterproduktion von Schilddrüsenhormonen haben selbstverständlich Wirkungen auf den gesamten Organismus – Stoffwechselvorgänge laufen schneller oder langsamer ab. Dies ruft ebenfalls gesundhcitliche Probleme hervor.

Die Schilddrüse als Hormonproduzent

Wie aber stellt die Schilddrüse nun diese wichtigen Hormone her? Sie benötigt dazu das Element Jod, das mit der Nahrung aufgenommen wird. Über den Darm gelangt das Jod ins Blut und dadurch natürlich auch zur Schilddrüse. Dort warten bereits die Thyreozyten, die Schilddrüsenzellen, gierig auf das Element. Sie fischen die Jodteilchen aus dem Blutstrom, die dann ins Innere der Zelle geleitet werden. Dort befindet sich das Ihnen bereits bekannte Speichereiweiß Thyreoglobulin (siehe S. 14), das zum Großteil aus der Aminosäure Tyrosin besteht. Kurz zur Erklärung: Eiweißmoleküle setzen sich immer aus einzelnen Teilchen, den so genannten Aminosäuren, zusammen. An das Tyrosin heften sich nun Jodatome, die kleinsten Teilchen des Jods, an. Entweder verbindet sich ein Jodatom mit dem Tyrosin, oft sind es aber auch zwei Atome. Doch auch dieser Zustand gefällt den neu entstandenen Teilchen noch nicht: Sie nehmen weitere neue Verbindungen auf. Besonders häufig ketten sich zwei Teilchen, die jeweils zwei Jodatome besitzen, aneinander – wenn dies geschieht, ist eines der beiden Schilddrüsenhormone entstanden: das so genannte Tetrajodthyronin, das gemeinhin als Thyroxin oder noch kürzer als T4 bezeichnet wird. Weniger oft hängen sich ein Teilchen mit einem Jodatom und ein Teilchen mit zwei Jodatomen aneinander – es entsteht das Hormon Trijodthyronin, besser als T3 bekannt. Das Hormon T4 überwiegt: Auf zehn Prozent T3 kommen 90 Prozent T4.

Zur Herstellung von Hormonen braucht die Schilddrüse Jod, das mit der Nahrung aufgenommen wird.

Die Schilddrüse produziert wesentlich mehr von dem Hormon T4 als vom T3.

Die Hormone T3 und T4 werden – solange der Körper keinen Bedarf anmeldet – mit dem Thyreoglobulin in den Follikeln der Schilddrüse gespeichert. Signalisiert der Organismus „Hormone erforderlich", wandern sie in die Zelle, lösen sich vom Thyreoglobulin und werden ins Blut gespült, um an ihren Zielort zu gelangen.

Die Schilddrüsenhormone besitzen praktisch Schlüssel für alle Körperzellen, um in sie eindringen und den Stoffwechsel in Gang setzen zu können.

Der Weg der Hormone zum Zielort

Im Blut angelangt, docken die meisten Hormonmoleküle an ein so genanntes Transporteiweiß an, das sie zu den Zellen bringen wird. Eine geringe Menge Hormone befindet sich allerdings frei im Blut, um so rasch wie möglich die Körperzellen zu versorgen. Alle Zellen besitzen bestimmte Pforten für die Hormone, die so genannten Rezeptoren, die nur von den Hormonmolekülen benutzt werden können. Sie können sich das folgendermaßen vorstellen: Allein die Hormone besitzen einen Schlüssel für das Schloss der Zelle.

Allerdings ist nur T3 in der Lage, in die Zellen zu gelangen – T4 muss daher vor Eintritt in die Zellen ein Jodatom abspalten und sich ebenfalls in T3 verwandeln. Der größte Teil der hergestellten Hormone besteht aber aus T4. Das hat auch seinen Grund: Während 50 Prozent des T3 innerhalb von gut 19 Stunden einen Abnehmer unter den Körperzellen finden, dauert dies bei T4 in etwa acht Tage. Dadurch wird sichergestellt, dass immer genug T4 im Blut zirkuliert, aus dem T3 entsteht, um die Zellen je nach Bedarf zu versorgen.

Selbstverständlich müssen sich die Schilddrüsenhormone, die an das Transporteiweiß gebunden sind, vor ihrer Aufnahme in die Zellen von dem Eiweiß lösen. Doch auch dies geschieht problemlos, wenn die Zellen nach Hormonen verlangen.

Woher weiß die Schilddrüse, dass die Zellen Hormone benötigen?

Nicht die Schilddrüse allein reguliert Produktion und Ausstoß der Hormone – mitbeteiligt ist das Gehirn, genauer gesagt ein Teil des Zwischenhirns, der Hypothalamus, sowie die Hirnanhangsdrüse oder Hypophyse; sie geben Anweisungen an die Schilddrüse, Hormone herzustellen und freizusetzen.

Die Herstellung und Ausschüttung der Hormone erfolgt nach dem Prinzip eines Regelkreises. Ist zu wenig T3 und T4 im Blut, ergeht eine Meldung an das Zwischenhirn und die Hypophyse. Die Hirnanhangsdrüse setzt darauf das Hormon Thyreotropin frei. Die Kurzform heißt TSH: Thyreoidea – also die Schilddrüse – stimulierendes Hormon. Dieses Hormon regt die Schilddrüse an, mehr T3 und T4 herzustellen und ans Blut abzugeben. Der Vorgang wird vom Zwischenhirn unterstützt, das mit einem weiteren Hormon, dem Thyreotropin-Freisetzungshormon oder TRH, die Hirnanhangsdrüse zur Produktion von TSH stimuliert. Hat die Schilddrüse genug T3 und T4 hergestellt, wird dies dem Gehirn erneut von den Zellen signalisiert und die Ausschüttung von TRH und TSH wieder vermindert.

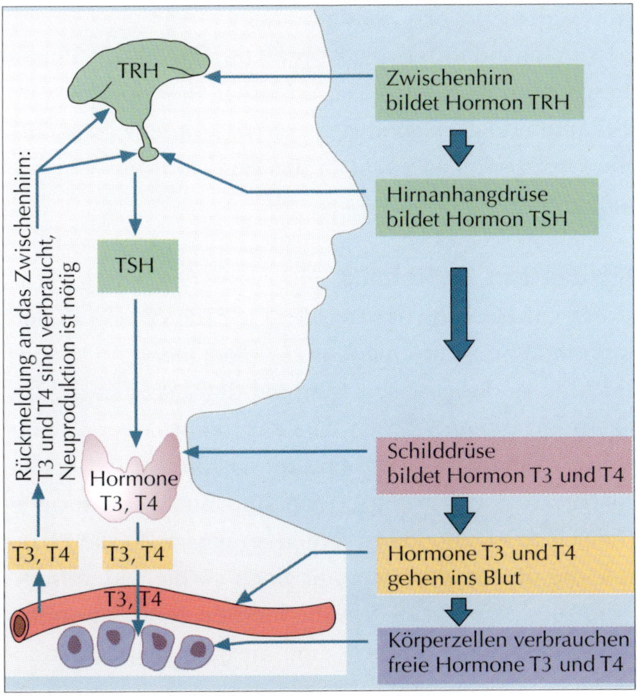

Die Produktion und Ausschüttung der Schilddrüsenhormone erfolgt nach dem Prinzip eines in sich geschlossenen Regelkreises. Ist zu wenig T3 und T4 im Blut, wird dies dem Gehirn signalisiert, das die Schilddrüse zur Produktion und Ausschüttung von T3 und T4 anregt. Ist genug T3 und T4 im Blut vorhanden, werden Herstellung und Freisetzung gedrosselt.

Jod – lebenswichtiges Spurenelement

Rolle des Jods

Jeder Mensch braucht bestimmte Stoffe zum Leben. Beispielsweise ist die Aufnahme von Vitaminen mit der Nahrung wichtig. Genauso benötigt der Körper Eiweiße. Zu den lebensnotwendigen Stoffen gehört ebenfalls das Element Jod.

Sie wissen ja, dass die Schilddrüse auf die Zufuhr von Jod angewiesen ist, um ihre Hormone herzustellen. Ohne diese Hormone funktioniert der Stoffwechsel nicht – der Körper kann die Nahrung nicht in Energie umwandeln, die er so nötig braucht.

Jod ist ein so genanntes Spurenelement, das heißt, es genügt, winzige Mengen pro Tag aufzunehmen, um die Funktion der Schilddrüse zu gewährleisten.

Täglich benötigt der Körper nur kleinste Mengen dieses Spurenelements. Diese müssen ihm mit der Nahrung unbedingt zugeführt werden. Denn der menschliche Organismus ist nicht in der Lage, Jod selbst herzustellen.

Wo das Jod herkommt

Jod ist ein Element, das vor allem in Steinen und Böden vorkommt. In Deutschland und vielen anderen Ländern der Erde sind die Böden während der Eiszeiten jedoch so ausgewaschen worden, dass das Jod ins Meer gespült wurde. Daher befindet sich nun das meiste Jod gelöst im Meerwasser. In den Böden sind nur noch geringe Mengen des Elements zu finden, so dass auch die Pflanzen, die darauf wachsen, nur noch wenig Jod aufnehmen. Dies führt dazu, dass die meisten Nahrungsmittel kaum mehr Jod enthalten. Eine Ausnahme stellen Meeresfische, -früchte und -pflanzen dar.

Jodmangelgebiet Deutschland

Deutschland gilt als Jodmangelgebiet – dies liegt nicht allein daran, dass zu wenig Jod in den landschaftlich produzierten Nahrungsmitteln enthalten ist. Ein weiterer Grund ist, dass es bislang noch nicht – wie in vielen anderen Ländern – Vorschrift ist, Lebensmittel mit Jodsalz statt mit normalem Salz zuzubereiten. Die Folge: Durch Jodmangel haben ungefähr 50 % der Deutschen eine vergrößerte Schilddrüse. Daraus entsteht der Kropf, über den Sie auf den nächsten Seiten Näheres erfahren.

Dabei ist der tägliche Jodbedarf eines Menschen wirklich gering – maximal 300 Mikrogramm (millionstel Gramm) benötigt die Schilddrüse am Tag, um ihre gewaltige Aufgabe problemlos erfüllen zu können. Bereits Ungeborene im Mutterleib sind auf die Jodzufuhr von außen angewiesen. Deshalb ist es gerade in der Schwangerschaft besonders wichtig, ausreichend Jod aufzunehmen. Denn sonst kann das Kind schon mit einem Kropf zur Welt kommen.

Entgegen früherer Annahmen besteht trotz Verbesserung der Jodversorgung immer noch in ganz Deutschland eine Unterversorgung mit Jod.

Sie brauchen auch keine Angst zu haben, Ihrem Körper zu viel Jod mit der Nahrung zuzuführen. Das kann kaum passieren.

Wie viel Jod am Tag benötigt wird

Säuglinge	50–80 Mikrogramm
Kinder	
• ein bis neun Jahre	100–140 Mikrogramm
• neun bis zwölf Jahre	140–200 Mikrogramm
• zwölf bis 18 Jahre	180–200 Mikrogramm
Erwachsene bis 35 Jahre	200 Mikrogramm
Erwachsene über 35 Jahre	180 Mikrogramm
Schwangere/Stillende	230–260 Mikrogramm

Frauen – das schwächere Schilddrüsengeschlecht

Frauen und Schilddrüse

Von Schilddrüsenkrankheiten sind Frauen viel stärker betroffen als Männer. Beispielsweise kommt auf drei Frauen mit einem Kropf nur ein einziger Mann.

Jede Frau erlebt während ihres Lebens eine Reihe von Hormonumstellungen.

Im Leben jeder Frau kommt der Hormonhaushalt einige Male durcheinander: Zunächst ändert er sich während der Pubertät, dann während einer Schwangerschaft, und als letztes kommt die Produktion des weiblichen Sexualhormons Östrogen während der Wechseljahre nahezu zum Erliegen. Zudem kommt es monatlich während der Regelblutung zu Schwankungen im weiblichen Hormonhaushalt. Es wird vermutet, dass auch die Schilddrüse von diesen Veränderungen etwas in Mitleidenschaft gezogen wird.

Geschlechtsverteilung von Schilddrüsenkrankheiten

Krankheit	Verhältnis der Kranken Frauen : Männer
Unterfunktion	5:1
Überfunktion	5:1
Entzündungen	5:1
Krebs	3:1
Kropf	3:1

Wann müssen Frauen besonders auf ihre Schilddrüse achten?

Vor allem während einer Schwangerschaft ist es notwendig, dem Körper ausreichend Jod zuzuführen, da ein größerer Bedarf besteht.

Bei einer zu geringen Aufnahme von Jod besteht die Gefahr, Jodmangelkrankheiten zu entwickeln. Auch die Schilddrüse des Ungeborenen benötigt Jod, um ihre Funktionen erfüllen zu können. Erhält das Kind zu wenig Jod, kann in sehr ausgeprägten Fällen eine verzögerte geistige und körperliche Entwicklung die Folge sein, die nach der Geburt nicht mehr aufgeholt werden kann.

In der Stillzeit sollten Sie ausreichend Jod, zum Beispiel in Form von Jodid-Tabletten, zu sich nehmen. Denn Sie versorgen auch jetzt noch über die Muttermilch Ihr Baby mit.

In den Wechseljahren kommt es ebenfalls zu einem gravierenden Einschnitt in den weiblichen Hormonhaushalt. Das zieht eine Reihe körperlicher Veränderungen nach sich. Passen Sie daher besonders gut auf Ihre Schilddrüse auf!

In Familien treten Schilddrüsenkrankheiten oft gehäuft auf.

Falls in Ihrer Familie bereits Schilddrüsenkrankheiten aufgetreten sind, sollten Sie besonders auf Ihre Schilddrüse achten. Es scheint nämlich so, als ob die Veranlagung, eine Schilddrüsenkrankheit zu entwickeln, erblich ist.

Dennoch ist nicht zwingend gesagt, dass jemand Beschwerden mit der Schilddrüse bekommt, in dessen Familie solche Krankheiten in Erscheinung treten. Zudem können in ein und derselben Familie unterschiedliche Schilddrüsenkrankheiten auftreten – ein Familienmitglied hat vielleicht einen Kropf, ein anderes leidet dagegen zum Beispiel unter einer Schilddrüsenunterfunktion.

Überflüssiges Anhängsel: der Kropf

Kropfbildung

Struma oder Kropf, so nennt man die krankhafte Vergrößerung der Schilddrüse. Und wie das Sprichwort schon sagt: Nichts ist so überflüssig wie ein Kropf. Denn er entsteht meist durch Jodmangel, der leicht zu beheben ist.

Vielleicht haben Sie schon einmal Bilder von ausgeprägten Kröpfen gesehen – die vergrößerte Schilddrüse kann sehr stark aus dem Hals hervorragen. Bis zu 2000 Gramm schwer kann solch ein Kropf im Extremfall werden – eine normal große Schilddrüse wiegt hingegen etwa 15 (Frauen) bis 20 (Männer) Gramm.

Wie es zur Kropfbildung kommt

Ist in der Nahrung nicht genügend Jod enthalten, bemüht sich die Schilddrüse, mit dem auszukommen, was sie kriegen kann. Schließlich will sie ihrer Aufgabe gerecht werden, die lebenswichtigen Schilddrüsenhormone zu bilden. Doch mit ihrer normalen Größe gelingt ihr das nicht – sie kann anscheinend nicht genug Jodatome aus dem Blutstrom verwerten. Außerdem schafft sie es nicht, eine ausreichende Menge an Schilddrüsenhormonen zu produzieren. Was kann sie also tun?

Jodmangel ist der Grund für die Entstehung eines Kropfs – die Schilddrüse versucht, den Mangel durch zunehmende Größe zu kompensieren.

Die Natur hat es so eingerichtet, dass sich bei einem Jodmangel die Zellen der Schilddrüse vermehren – das Schilddrüsengewebe wächst. Diese Gewebewucherung nennt man Hypertrophie. Auch die einzelne Zelle kann sich aufgrund des Jodmangels vergrößern (= Hyperplasie). Durch diese beiden Vorgänge kompensiert die

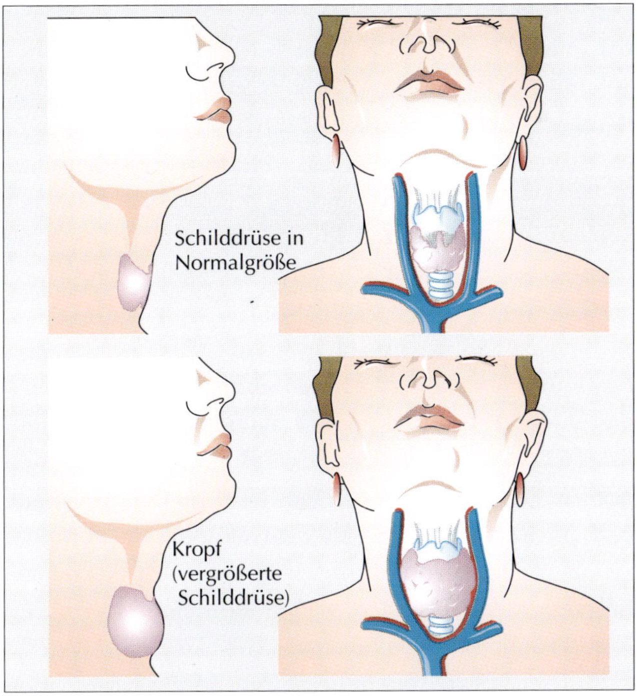

Die obere Abbildung zeigt eine Schilddrüse in Normalgröße. Auf dem unteren Bild ist eine vergrößerte Schilddrüse, also ein Kropf oder eine Struma, zu sehen. Auch von außen ist der Kropf zu erkennen.

Schilddrüse den Jodmangel - sie kann trotz geringer Jodaufnahme eine ganze Zeit lang ihre Funktionen erfüllen. Eine Vergrößerung der Schilddrüse - solange sie nicht allzu groß ist oder noch keine Beschwerden verursacht - kann daher lange unentdeckt bleiben.

Weiterer Faktor bei der Kropfentstehung

Die Jodaufnahme, die bei der einen Person zur Vergrößerung der Schilddrüse führt, muss bei einem anderen Menschen nicht unbedingt einen Kropf hervorrufen. Manche Schilddrüsen schaffen es, mit einer geringeren als der an sich erforderlichen Menge Jod auszukommen, ohne dass ein Kropf entsteht. Wahrscheinlich ist auch erblich festgelegt, wie eine Schilddrüse mit Jodmangel umgeht und wann sie einen Kropf bildet.

Der Kloß im Hals

Anfangs macht ein Kropf im Regelfall keine Beschwerden – es sei denn, er engt die Luft- oder die Speiseröhre ein. Es kommt zum Kloßgefühl.

Im Anfangsstadium treten durch eine Vergrößerung der Schilddrüse häufig keine Beschwerden auf – ein entstehender Kropf ist oft nicht zu sehen und nur schwer zu ertasten. Doch wenn der Kropf immer stärker wächst und immer größer wird, kann es aufgrund der Nähe der Schilddrüse zu Luft- und Speiseröhre zu Problemen mit dem Atmen und dem Schlucken kommen. Viele haben das Gefühl, als hätten sie einen Kloß im Hals.

Wächst der Kropf nach außen, wird er ab einer bestimmten Größe allmählich ebenfalls sichtbar. Kleidungsstücke, die nah am Hals anliegen (Hemden, Blusen, Rollkragenpullover), werden zu eng – bildlich gesprochen platzt Kropfträgern irgendwann der Kragen. Die Schilddrüse ist als eine Wölbung nach außen zu erkennen. Wenn Sie bei sich die eben genannten Beschwerden feststellen, sollten Sie sich an Ihren Arzt wenden, um die Ursache abklären zu lassen!

Solange es der Schilddrüse durch den Kropf noch gelingt, ausreichend Hormone herzustellen, treten keine weiteren Beschwerden auf. Schafft sie es aber trotz Vergrößerung nicht mehr, können ein plötzliches Zurückgehen der Leistungsfähigkeit, Müdigkeit, Schlaf- und Verdauungsstörungen hinzukommen. Aber auch Konzentrationsschwäche und Antriebsarmut können auftreten.

Wenn die Zellen überlastet sind

Für die Schilddrüsenzellen bedeutet der ständige Jodmangel eine große Belastung – sie müssen sich anstrengen, um mit wenig Jod die Menge an Schilddrüsenhormonen herzustellen, die der Organismus benötigt. Manche Schilddrüsenzellen sind daher nach einiger Zeit so ausgelaugt, dass sie ihre Funktion einstellen. Andere Zellen hingegen finden sozusagen Gefallen an diesem

Dauerstress und wollen zeigen, dass sie noch mehr können. Sie machen sich praktisch „selbständig" und stellen wesentlich mehr Hormone her. Sowohl die Ansammlung von Zellen, die ihre Funktion aufgegeben haben, als auch die Vermehrung der Zellen, die mehr tun, als sie eigentlich sollen, bezeichnet man als Knoten. Die funktionsunfähigen Zellen nennt man „kalte" Knoten, die überaktiven Zellareale werden „heiße" Knoten genannt.

Je länger ein Kropf besteht, umso größer ist die Wahrscheinlichkeit der Knotenbildung. In manchen älteren Kröpfen entsteht nur ein Knoten. Es kann aber auch zum so genannten Knotenkropf, der mit diesen Zellarealen gespickt ist, kommen.

Warum die Knoten untersucht werden müssen

Normalerweise sind Knoten in der Schilddrüse gutartig. Dennoch erfordert jeder Knoten eine genauere Untersuchung. Im Einzelfall kann es sich bei einem kalten Knoten schon einmal um eine Krebsgeschwulst, ein Karzinom, handeln.

Im Regelfall handelt es sich jedoch bei den kalten Knoten um harmlose gutartige Zellgebiete. Es können sich sogar kalkartige Ablagerungen in diesen Zellarealen bilden. Manchmal sammelt sich in den von den Zellen umgebenen Hohlräumen auch Gewebeflüssigkeit an – in diesem Fall spricht man von einer Zyste. Nur in etwa drei Prozent aller Fälle handelt es sich um bösartige Zellen. Die Wahrscheinlichkeit, dass es sich um Krebs handelt, ist daher gering!

Lassen Sie sich keine Angst einjagen, wenn Ihnen mitgeteilt wird, dass sich in Ihrer Schilddrüse ein Knoten gebildet hat. Nur in wenigen Fällen handelt es sich um einen bösartigen Tumor!

Vor allem heiße Knoten müssen behandelt werden, denn sie können, wenn sie bereits zu einer Funktionsstörung geführt haben, körperliche Beschwerden hervorrufen.

Hypothyreose bedeutet Schilddrüsenunterfunktion

Schilddrüsenunterfunktion **Das Gegenteil einer Schilddrüsenüberfunktion ist die Hypothyreose, die Schilddrüsenunterfunktion. Bei dieser Fehlfunktion stellen die Schilddrüsenzellen zu wenig T3 und T4 her.**

Der Mangel an Schilddrüsenhormonen und seine körperlichen Folgen werden als Schilddrüsenunterfunktion oder Hypothyreose bezeichnet.

Sie können sich sicher vorstellen, dass ein Mangel an Schilddrüsenhormonen gravierende Auswirkungen auf den menschlichen Organismus hat. Wenn Sie sich klarmachen, dass die Stoffwechselvorgänge in den Zellen durch die Schilddrüsenhormone in Gang gesetzt werden, wird verständlich, dass ein Mangel an T3 und T4 zu einer Verlangsamung der Körperfunktionen führt. Die Zellen werden nicht mehr ausreichend mit Energie versorgt, die sie jedoch dringend benötigen, um ihre Aufgaben zu erfüllen.

Die Ursachen für Hypothyreose

Eine Schilddrüsenunterfunktion ist immer die Folge einer Krankheit oder anderen Störung der Schilddrüse. Einer der Hauptgründe für die Hypothyreose ist die Zerstörung von Schilddrüsengewebe durch eine langandauernde, also eine chronische Schilddrüsenentzündung.

Eine solche Entzündung ist beispielsweise die so genannte Hashimoto-Thyreoiditis. Sie führt ganz allmählich dazu, dass Schilddrüsenzellen absterben und keine Schilddrüsenhormone mehr produzieren können.

Eine Schilddrüsenunterfunktion kann aber auch angeboren sein – meist fehlt dem Neugeborenen die gesamte Schilddrüse. Oder es wurde zu wenig Schilddrüsengewebe während der Schwangerschaft entwickelt. In seltenen Fällen kann auch (meist extremer) Jodmangel zu einer Hypothyreose des Neugeborenen führen. Nimmt die Mutter während der Schwangerschaft Medikamente, die eine Schilddrüsenüberfunktion stoppen sollen, kann es manchmal passieren, dass das Kind ebenfalls mit einer – zumeist vorübergehenden – Schilddrüsenunterfunktion zur Welt kommt.

Wenn bei einer Operation die gesamte Schilddrüse oder ein großer Teil der Schilddrüse entfernt werden musste, kommt es zu einer Schilddrüsenunterfunktion, zumal kein oder nur noch wenig Schilddrüsengewebe vorhanden ist, welches die Hormone herstellt. Doch bricht die Hypothyreose in diesen Fällen dann nicht aus, wenn den Patienten synthetisch hergestellte Schilddrüsenhormone verabreicht werden. Falls die Betroffenen diese Medikamente jedoch nicht einnehmen, ist die Hypothyreose unausweichlich. Bei Überdosierung von Medikamenten, welche eine Schilddrüsenüberfunktion hemmen sollen, kann ebenfalls eine Hypothyreose in Erscheinung treten.

Extremer Jodmangel ruft in seltenen Fällen ebenfalls eine Hypothyreose hervor, wenn die Schilddrüse den Mangel nicht länger durch eine Vermehrung ihres Gewebes, also durch Kropfbildung, ausgleichen kann.

Was ist eine sekundäre Hypothyreose?

Unter einer sekundären Hypothyreose versteht man eine Schilddrüsenunterfunktion, bei der die Herstellung der Hormone durch die Schilddrüsenzellen nicht gestört ist, sondern die Hirnanhangsdrüse nicht genug TSH ausschüttet, welches die Herstellung von T3 und T4 aus den Schilddrüsenzellen anregt. Die Schilddrüse produziert daraufhin zu wenig Hormone. Denn schließlich darf sie nur Hormone herstellen, wenn die Hirnanhangsdrüse ihr dies „befiehlt“.

In seltenen Fällen ist die Hirnanhangsdrüse die Ursache einer Schilddrüsenunterfunktion.

Wie sich die Schilddrüsenunterfunktion bemerkbar macht

Bei der Hypothyreose mangelt es dem Organismus an etwas sehr Wichtigem: an den Schilddrüsenhormonen, welche den Stoffwechsel in den Zellen in Gang setzen. Auf die Verringerung dieser Hormone reagiert der Körper mit einer Verlangsamung des Stoffwechsels. Dies macht sich nach und nach durch verschiedene Beschwerden bemerkbar.

Leicht zu erkennen ist die Schilddrüsenunterfunktion nicht – die Beschwerden stellen sich ganz allmählich ein, und zunächst werden sie häufig auf andere Ursachen zurückgeführt.

Menschen mit einer Schilddrüsenunterfunktion frieren in der Regel selbst bei warmen Temperaturen.

Im Gegensatz zu Patienten mit Schilddrüsenüberfunktion sind die von der Hypothyreose Betroffenen extrem kälteempfindlich. Schuld ist der verlangsamte Stoffwechsel – bei der verlangsamten Umwandlung von Nahrung in Energie wird weniger Wärme freigesetzt. Selbst in beheizten Räumen und im warmen Bett ist den Kranken noch kalt.

Menschen mit einer Schilddrüsenunterfunktion leiden unter dauernder Müdigkeit und Antriebsschwäche – sie können sich schlechter konzentrieren und sind weniger leistungsfähig als vor Auftreten ihrer Krankheit. Die Bewegungen verlangsamen sich. Alle körperlichen Anstrengungen erfordern zu viel Energie.

Nicht nur die Bewegungen, auch der Herzschlag wird langsamer. An allen möglichen Stellen des Körpers kommt es zu Wassereinlagerungen, so genannten Ödemen, die bei der Unterfunktion der Schilddrüse auch als Myxödeme bezeichnet werden. Besonders auffällig sind diese Ödeme im Gesicht des Patienten, das allmählich anschwillt.

Der verlangsamte Stoffwechsel führt dazu, dass die Betroffenen an Gewicht zunehmen, obwohl sie nicht mehr essen als sonst. Die Nahrung wird viel langsamer verbrannt.

Haut und Haare sind auch von der Hypothyreose betroffen: Die Haare glänzen nicht mehr, sie werden stumpf. Die Haut wird trocken. Die Fingernägel werden brüchig. In manchen Fällen, bei denen eine Autoimmunkrankheit die Ursache einer Schulddrüsenunterfunktion ist, können gleichzeitig andere Autoimmunkrankheiten auftreten, zum Beispiel die Vitiligo. Wegen Pigmentverlust kommt es zu weißen Flecken auf der Haut.

Hypothyreose kann außerdem zu Unregelmäßigkeiten bei der Regelblutung und zu Unfruchtbarkeit führen. Männer können unter Impotenz leiden und ihre Zeugungskraft verlieren.

Auch die Seele ist betroffen

Die Verlangsamung des Stoffwechsels führt nicht nur zu Antriebsschwäche, Leistungsminderung und Apathie, sie kann auch depressive Verstimmungen hervorrufen. Da Kontakte zu anderen Menschen ab einem Zeitpunkt als zu anstrengend empfunden werden, kapseln sich die Betroffenen oft von der Umwelt ab.

Hypothyreose bei Neugeborenen und Kindern

Die zum Glück relativ seltene angeborene Hypothyreose kann unbehandelt zu einer Verlangsamung der geistigen Entwicklung und Verzögerung der körperlichen Entwicklung führen. Glücklicherweise wird nach der Entbindung ein Suchtest zum Aufdecken der angeborenen Unterfunktion durchgeführt. Im Kindesalter führt die Hypothyreose dazu, dass das Kind in seiner körperlichen und geistigen Entwicklung zurückbleibt. Auffällig werden solche Kinder durch Konzentrationsschwierigkeiten im Unterricht.

Einige Tage nach der Geburt wird durch einen Bluttest überprüft, ob das Neugeborene unter einer Schilddrüsenunterfunktion leidet, damit notfalls rasch eine Behandlung eingeleitet werden kann.

Was versteht man unter Hyperthyreose?

Schilddrüsen-überfunktion

Hyperthyreose ist der Fachbegriff für eine Schilddrüsenüberfunktion, bei der die Schilddrüse im Übermaß Hormone produziert und dem Körper zur Verfügung stellt.

Wer nun denkt, dass es für den Organismus von Vorteil sein müsste, wenn den Zellen ein Übermaß an Schilddrüsenhormonen präsentiert wird, irrt sich leider. Die Körperstellen verwerten die Schilddrüsenhormone zwar, einen zusätzlichen Nutzen haben sie davon jedoch nicht. Im Gegenteil: Zu viel des Guten kann, genau wie zu wenig, schädlich sein.

Die Vorgänge im Körper bei Schilddrüsenüberfunktion

Steht den Körperzellen eine größere Menge an Schilddrüsenhormonen zur Verfügung, als sie eigentlich benötigen, wird der Stoffwechsel – die Umwandlung von Nahrung in Energie – kräftig angekurbelt. Die Nährstoffe werden wesentlich rascher verbrannt. Die Zellen fordern umso schneller wieder Nachschub an. Zahlreiche Beschwerden sind das Resultat.

Es gibt zwei Ursachen für die Schilddrüsenüberfunktion: heißer Knoten in der Schilddrüse, so genanntes autonomes Adenom, oder die Basedow'sche Krankheit.

Die Ursachen einer Schilddrüsenüberfunktion

Die Schilddrüsenüberfunktion ist bedingt entweder durch eine Zunahme autonomer Zellen, „heißer“ Knoten, in einem Jodmangelkropf oder durch eine Autoimmunkrankheit, bei der die Schilddrüsenzellen durch Antikörper abnorm stimuliert werden (Basedow'sche Krankheit).

Nervosität und Reizbarkeit kennzeichnen das Seelenleben der von Schilddrüsenüberfunktion Betroffenen.

Organismus auf Hochtouren

Die unter Schilddrüsenüberfunktion Leidenden haben übermäßig großen Hunger, der sich auch in Heißhunger ausdrücken kann. Der Körper verlangt häufiger nach Nahrung, da die Zellen die Nährstoffe schneller verbrennen. Die Betroffenen nehmen an Gewicht ab.

Den Menschen mit Hyperthyreose ist zudem ständig heiß: Selbst bei Minusgraden, bei denen andere frieren, haben sie noch Schweißausbrüche und klagen über die Wärme. Der Grund: Bei der Verbrennung der Nährstoffe durch die Zellen wird neben der Energie zusätzlich Wärme freigesetzt. Damit die Körpertemperatur nun nicht über 37 Grad Celsius ansteigt, versucht der Organismus, durch Schwitzen sich Kühlung zu verschaffen. Für die Betroffenen ist dies alles andere als angenehm – wer mag es schon, ständig durchgeschwitzt zu sein?

Da der Organismus dauernd auf Hochtouren läuft, fällt es Menschen mit Schilddrüsenüberfunktion schwerer, ein- und durchzuschlafen. Besonders unangenehm ist, dass sie ständig unter Strom zu stehen scheinen, nervös und leicht reizbar sind. Sich zu entspannen, ist fast unmöglich. Die Mitmenschen empfinden das Verhalten der Kranken zu Recht oft als aggressiv.

Zu den körperlichen Beschwerden zählen häufig ein erhöhter Blutdruck sowie ein beschleunigter Herzschlag. Auch Herzrhythmusstörungen sind zu beobachten. Trotz gesteigerten Antriebs kommt es nach einiger Zeit zu verminderter Leistungsfähigkeit. Da die Stoffwechselprozesse auf Hochtouren laufen, ist ohne körperliche Belastung das Befinden erheblich eingeschränkt.

Viel schneller als normal werden bei Schilddrüsenüberfunktion die dem Körper zugeführten Nährstoffe verbrannt.

Schilddrüsen-autonomie und ihre Folgen

Schilddrüsen-autonomie

Autonomie bedeutet soviel wie Unabhängigkeit. Bezogen auf die Schilddrüse heißt dies, dass sich einige Zellen von der Steuerung durch Zwischenhirn und Hirnanhangsdrüse unabhängig machen.

Diese Zellen gehen hinsichtlich der Hormonproduktion ihren eigenen Weg. Normalerweise wird die Hormonproduktion durch das Hormon TSH, das von der Hirnanhangsdrüse ausgeschüttet wird, gesteuert. Die Schilddrüsenzellen werden bei TSH-Ausschüttung angeregt, T3 und T4 herzustellen. Die autonomen Zellen in der Schilddrüse richten sich jedoch nicht mehr nach dem Hormon TSH – sie stellen mehr T3 und T4 her, als sie eigentlich sollen. Die Folge dieser so genannten Schilddrüsenautonomie kann auf lange Sicht eine Hyperthyreose, also Schilddrüsenüberfunktion, sein.

Autonome Gebiete in der Schilddrüse hören nicht länger auf die Befehle, die ihnen Zwischenhirn und Hirnanhangsdrüse erteilen.

Wann es zur Schilddrüsenautonomie kommt

Sie haben ja bereits erfahren, dass es bei Schilddrüsenvergrößerung infolge Jodmangel zu einer Bildung so genannter heißer Knoten kommen kann. Diese überaktiven Knoten bestehen aus den Zellen, die sich der Herrschaft des Zwischenhirns und der Hirnanhangsdrüse nicht länger fügen wollen. Liegt nur ein solcher Knoten vor, spricht man von einem autonomen Adenom (= unifokale Autonomie). Oft sind jedoch über die

Schilddrüse verteilt mehrere solcher widerspenstigen Zellareale zu finden - in diesem Fall spricht man entweder von mehreren autonomen Adenomen oder von einer multifokalen Schilddrüsenautonomie. Bei der disseminierten Autonomie sind die veränderten Zellgebiete engmaschig auf die gesamte Schilddrüse verteilt.

Folge für die Hormonsteuerung

Je mehr autonome Gebiete es in der Schilddrüse gibt und je aktiver diese sind, umso mehr Schilddrüsenhormone werden hergestellt. Dies hat zur Folge, dass der Hirnanhangsdrüse signalisiert wird, die Hormonproduktion zu drosseln, wenn ausreichend T3 und T4 im Blut vorkommen. Es wird weniger TSH ausgeschüttet, und die gesunden Zellen stellen kaum noch Hormone her.

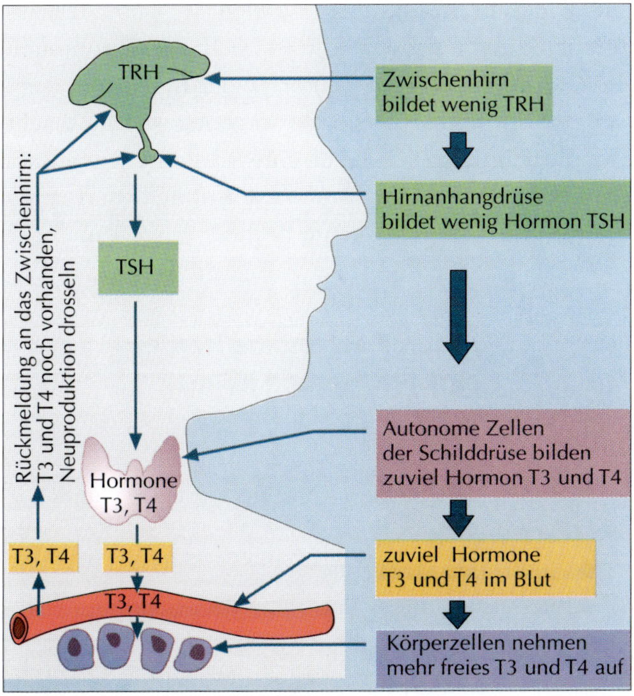

Durch eine fortgeschrittene Schilddrüsenautonomie wird der Kreislauf gestört, durch den die Ausschüttung von Schilddrüsenhormonen reguliert wird. Am Ende kann es sein, dass nur noch die autonomen Gebiete innerhalb der Schilddrüse T3 und T4 herstellen, die gesunden Zellen hingegen ihre Produktion einstellen.

Autonome Adenome und Jodüberschuss

Können Sie sich vorstellen, was passiert, wenn die autonomen Gebiete in der Schilddrüse plötzlich ausreichend Jod zur Verfügung haben, der Jodmangel also behoben ist? Ganz richtig: Dies ist im übertragenen Sinn ein Freudenfest für autonome Adenome. Jetzt endlich können sie zur Höchstform auflaufen und zeigen, was in ihnen steckt. Als Folge des Jodüberschusses geraten solche autonomen Gebiete oft außer Kontrolle: Sie produzieren große Mengen an Schilddrüsenhormonen und können damit eine Schilddrüsenüberfunktion, eine Hyperthyreose, hervorrufen. Zumindest können sich nun erstmals Anzeichen einer Hyperthyreose zeigen.

Die Zufuhr von Jod kann dazu führen, dass autonome Adenome sich durch Überproduktion von Hormonen zu erkennen geben.

Selbstverständlich ist das Auftreten von Anzeichen einer Schilddrüsenüberfunktion auch davon abhängig, wie viele autonome Herde es in der Schilddrüse gibt und wie sehr sie aktiviert werden. Es kann deshalb durchaus auch passieren, dass sich die autonomen Gebiete noch nicht mit einer Hyperthyreose zeigen, weil der Hormonausstoß dafür zu gering ist. Dies macht es natürlich umso schwerer, eine Schilddrüsenautonomie überhaupt zu entdecken. Viele Kröpfe beherbergen heiße Knoten, ohne dass ihre Besitzer es wissen.

Wodurch autonome Herde aktiviert werden können

- Injektion von jodhaltigen Röntgenkontrastmitteln
- Jodhaltige Desinfektionsmittel für die Wundversorgung
- Jodhaltige Medikamente
- Reisen in Länder mit hoher Jodversorgung
- Sehr selten jodhaltige Nahrungsmittel

Hyperthyreose bei Schilddrüsenautonomie

Sie wissen ja bereits, dass starkes Schwitzen, Nervosität, erhöhter Blutdruck, Gewichtsabnahme, Schlafstörungen und ein beschleunigter Herzschlag auf eine Schilddrüsenüberfunktion hindeuten können. Die Ursache kann in der Schilddrüsenautonomie liegen, die damit erstmals spürbar in Erscheinung tritt.

Eine solche Überfunktion der Schilddrüse kann sich manchmal auch auf die Fruchtbarkeit auswirken, weil der Haushalt der Geschlechtshormone durcheinander gewirbelt wird. Bei Frauen kann sich die Hyperthyreose zunächst in einem Ausbleiben der Regelblutung äußern, manchmal wird die Blutung auch nur schwächer. Die Chancen, ein Kind zu bekommen, sinken in einigen Fällen. Manche Männer verlieren durch die Schilddrüsenüberfunktion vorübergehend die Lust an der Liebe, ihr Sexualtrieb kann zurückgehen.

Manchmal liegt Unfruchtbarkeit oder der Verlust des Sexualtriebs an einer Überfunktion der Schilddrüse, die unter anderem durch Schilddrüsenautonomie hervorgerufen werden kann.

Oft treten bei einer Hyperthyreose Störungen der Verdauung auf. Der Darm muss häufiger als sonst entleert werden, so dass weniger Nährstoffe aus der Nahrung den Weg in die Zellen des Körpers finden, die gerade bei einer Schilddrüsenüberfunktion besonders stark nach Nährstoffen und damit nach Energie gieren.

Bitte denken Sie daran, dass nicht immer bei einer Überfunktion der Schilddrüse alle diese Symptome auftreten müssen. Manchmal macht sich eine Hyperthyreose nur mit wenigen, oft uncharakteristischen Beschwerden bemerkbar. Dies ist besonders bei älteren Menschen zu beobachten.

In jedem Fall sollten Sie bei den eben genannten Symptomen daran denken, dass Ihre Schilddrüsenfunktion gestört ist. Denn leider werden die Beschwerden oft auf andere Ursachen zurückgeführt, da nicht ersichtlich ist, dass eine Schilddrüsenvergrößerung und mit ihr eine Schilddrüsenautonomie bestehen.

Wie kommt es zu Autoimmunkrankheiten?

Autoimmunkrankheiten

Autoimmunkrankheiten sind Krankheiten, bei denen sich das körpereigene Abwehrsystem, das den Organismus vor Krankheitserregern schützen soll, gegen den eigenen Körper richtet und ihm Schaden zufügt.

Sowohl die Basedow'sche Krankheit als auch die so genannte Hashimoto-Thyreoiditis, eine Schilddrüsenentzündung, sind Autoimmunkrankheiten.

Auch die Schilddrüse ist vor Angriffen durch das körpereigene Immunsystem nicht gefeit. Die so genannte Basedow'sche Krankheit sowie eine Form der Schilddrüsenentzündung, die Hashimoto-Thyreoiditis, gehören zu den Autoimmunkrankheiten.

Ein Wunderwerk der Natur: das Immunsystem

Das körpereigene Abwehrsystem ist ein Wunderwerk der Natur. Beim Eindringen von Krankheitserregern wie Viren oder Bakterien setzt es verschiedene Zellen in Bewegung, die die Krankheitserreger vernichten.

Wenn ein Krankheitserreger einmal vom Immunsystem als körperfeindlich erkannt wurde, stellt das Abwehrsystem einen so genannten Antikörper her, der beim erneuten Eindringen den Krankheitserreger erkennt und markiert. Daraufhin spüren - vereinfacht gesagt - andere Zellen der körpereigenen Eingreiftruppe den Erreger auf und zerstören ihn. Gegen manche Erreger gewährleistet das Immunsystem zeitlebens Immunität.

Die Natur von Autoimmunkrankheiten

Im Organismus jedes Menschen patroullieren einige wenige Antikörper, die körpereigene Zellen, die beispielsweise durch eine Infektionskrankheit zerstört wurden, beseitigen. Diese bezeichnet man als Autoantikörper, da sie sich gegen körpereigene – in diesem Fall jedoch funktionsuntüchtige – Zellen wenden. Bei Autoimmunkrankheiten wenden sich die Autoantikörper jedoch auch gegen gesunde Körperzellen – sie tun also das, was sie eigentlich nicht dürfen, sie greifen den Organismus an, den sie schützen sollen.

Warum es eigentlich zu solchen Autoimmunkrankheiten kommt, ist bislang noch nicht eindeutig geklärt – Wissenschaftler gehen jedoch davon aus, dass eine erbliche Veranlagung für den Amoklauf der Antikörper vorliegen muss.

Bei einer Autoimmunkrankheit richtet sich das körpereigene Abwehrsystem gegen den eigenen Körper.

Doch diese reicht in der Regel noch nicht aus, um eine Autoimmunkrankheit zum Ausbruch zu bringen: Andere Faktoren (zum Beispiel Stress), die das Immunsystem schwächen, müssen hinzukommen, damit sich die Antikörper gegen den eigenen Körper richten.

Zudem vermuten die Forscher, dass noch weitere Veränderungen im Körper ihren Teil dazu beitragen müssen, bis eine Autoimmunkrankheit ausbricht. Man nimmt an, dass die Strukturen mancher Körperzellen große Ähnlichkeit mit denen gewisser Krankheitserreger haben und die Antikörper die Körperzellen mit den Erregern verwechseln. Eine weitere Hypothese besagt, dass sich manche Körperzellen im Laufe des Lebens zum Beispiel durch äußere Einflüsse so verändern können, dass das Abwehrsystem vermutet, es nicht länger mit körpereigenem Gewebe, sondern mit einem gefährlichen Eindringling von außen zu tun zu haben. Beweise gibt es jedoch bislang für keine dieser beiden Theorien.

Die Basedow'sche Krankheit: Auslöser und Folgen

Basedow'sche Krankheit

Die Basedow'sche Krankheit – ein Leiden, das ebenfalls eine Überfunktion der Schilddrüse hervorruft – zählt zu den Autoimmunkrankheiten. Man geht davon aus, dass die Basedow'sche Krankheit genetisch bedingt ist.

In Familien, in denen es bereits Fälle von Morbus Basedow gab, ist die Gefahr größer, dass diese Schilddrüsenkrankheit ausbricht, als in vollkommen unbelasteten Familien.

Wie sich Morbus Basedow äußert

Es gibt einige Anzeichen, die auf die Basedow'sche Krankheit hindeuten. Jedoch müssen nicht alle im Folgenden beschriebenen Symptome auftreten. Oft gehen sie jedoch mit Morbus Basedow einher.

Die nach dem deutschen Arzt Karl von Basedow benannte Krankheit geht immer mit einer Schilddrüsenüberfunktion einher.

Am auffälligsten ist sicher immer die Überfunktion der Schilddrüse, die nach längerem Bestehen der Basedow'schen Krankheit unweigerlich eintritt. Die Beschwerden, die auf eine Hyperthyreose hindeuten, wurden auf den vorhergehenden Seiten beschrieben. Besonders häufig klagen die Betroffenen über einen stark beschleunigten Puls sowie über Nervosität und Gereiztheit. Die Schilddrüse kann, muss aber nicht vergrößert sein. Schließlich liegt die Ursache der Basedow'schen Krankheit nicht im Jodmangel, unter dem es nach einiger Zeit regelmäßig zur Kropfbildung kommt.

Ein weiteres auffälliges Kennzeichen für Morbus Basedow kann das Hervortreten der Augen aus ihren Höhlen sein.

Ursache ist eine durch die Autoimmunkrankheit bedingte Schwellung der äußeren Augenmuskeln, die die Augen bewegen. Dies führt dazu, dass die Augen stärker hervortreten, was mit dem medizinischen Fachausdruck als Exophthalmus bezeichnet wird. In der Regel sind die Bindehäute der Augen durch eine Entzündung gereizt und gerötet.

Bei manchen Betroffenen äußern sich die Augenbeschwerden, die mit der Basedow'schen Krankheit einhergehen können, nur durch das verstärkte Tränen der Augen. Die Augenlider können anschwellen. Zum Glück kommt es nur bei wenigen Kranken zu Sehstörungen.

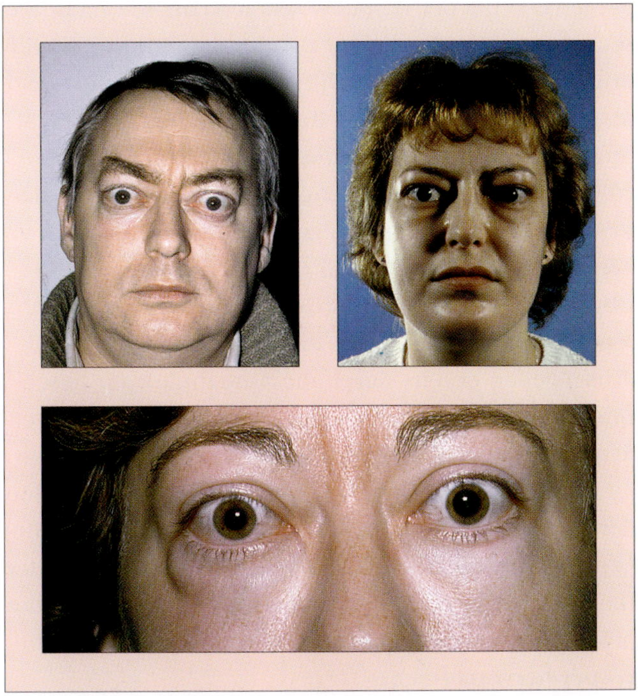

Die Abbildung zeigt die Basedow'sche Krankheit mit hervorgetretenen Augäpfeln in voller Ausprägung.

Autoantikörper: Die Verursacher der Basedow'schen Krankheit

Wie Sie wissen, wird die Abgabe von Schilddrüsenhormonen durch die Schilddrüse bei Bedarf vom Hormon TSH gesteuert, das die Hirnanhangsdrüse ausschüttet. Das TSH setzt sich auf die Rezeptoren - die Schlösser - der Schilddrüsenzellen, schließt sie sozusagen auf und stimuliert sie, um die Schilddrüsenhormonproduktion zu steigern. Bleiben die Rezeptoren der Schilddrüsenzellen unbesetzt, wird weniger T3 und T4 hergestellt. Bei der Basedow'schen Krankheit ist dieser Mechanismus gestört.

Zwar zerstören die Autoantikörper bei Morbus Basedow nicht das körpereigene Gewebe. Sie rufen jedoch eine Schilddrüsenüberfunktion, eine Hyperthyreose, hervor.

Morbus Basedow ist eine Autoimmunkrankheit, bei der der Organismus Antikörper gegen das eigene Gewebe bildet. Doch im Gegensatz zu anderen Autoimmunkrankheiten zerstören die Autoantikörper das Körpergewebe bei der Basedow'schen Krankheit nicht. Sie setzen sich stattdessen auf die Rezeptoren der Schilddrüsenzellen, die eigentlich für das Steuerhormon TSH reserviert sind. Da sie die Rezeptoren genau wie TSH „aufschließen", regen sie die Schilddrüsenzellen ebenfalls dazu an, T3 und T4 zu produzieren und an den Körper abzugeben. Die Folge ist ein erhöhter Ausstoß von Schilddrüsenhormonen und nach einiger Zeit eine Überfunktion der Schilddrüse. TSH kann nicht mehr regulierend eingreifen, da die Rezeptoren der Schilddrüsenzellen bereits durch die Autoantikörper besetzt sind. Die Antikörper haben auch einen Namen: Sie werden TSH-Rezeptor-Autoantikörper, kurz TRAK, genannt.

Warum die Autoantikörper auch die Anhanggebilde der Augen angreifen, ist bislang nicht bekannt. In seltenen Fällen kann es auch zu einer Schwellung unter der Haut vor den Schienbeinen kommen. Das so genannte prätibiale Myxödem wird ebenfalls durch die Autoantikörper hervorgerufen.

Stress und andere Auslöser

Sie haben bereits erfahren, dass die genauen Ursachen noch nicht bekannt sind, warum sich Antikörper gegen den Organismus wenden, den sie eigentlich schützen sollen. Klar ist mittlerweile, dass die genetische Veranlagung eine Rolle spielt, Basedow also vererbt werden kann (aber nicht muss!). Vermutet wird, dass auch die Sexualhormone in gewisser Weise mitbeteiligt sind, da die Basedow'sche Krankheit häufiger Frauen betrifft.

Jedem dürfte mittlerweile die Schädlichkeit des Rauchens bekannt sein. Auch auf Morbus Basedow hat der Tabakqualm anscheinend eine Wirkung: Inhaltsstoffe des Nikotins scheinen den Ausbruch der Basedow'schen Krankheit zu begünstigen und die krankhaften Veränderungen im Bereich der Augen zu verstärken.

Seelische Belastungen können die Basedowsche Krankheit anscheinend auslösen. Die Ursache für die Krankheit sind sie jedoch nicht.

Eine bedeutende Rolle scheinen Stress und seelische Krisen beim Ausbruch der Krankheit zu spielen: Die Basedow'sche Krankheit tritt häufig in Situationen das erste Mal in Erscheinung, in denen der Betroffene unter einer besonderen seelischen Belastung steht. Solche Belastungen scheinen die Basedow'sche Krankheit auslösen zu können. Wie man heute weiß, kann länger anhaltender Stress das körpereigene Abwehrsystem schwächen. Dies könnte einer der Gründe sein, warum die Krankheit häufig in Krisensituationen ausbricht.

Kein Wunder, dass sich auch im Krankheitsbild von Morbus Basedow die Psyche besonders hervortut: Infolge der Schilddrüsenüberfunktion kommt es häufig zu Gereiztheit und Nervosität. Die Basedow-Kranken scheinen durch die Schilddrüsenhormone in ihrer seelischen Verfassung oft stärker gestört zu sein als die Patienten mit einer Überfunktion infolge von Schilddrüsenautonomie. Nicht selten ruft die Basedow'sche Krankheit schwerwiegende depressive Verstimmungen hervor.

Die Hashimoto-Thyreoiditis

Hashimoto-Thyreoiditis

Erinnern Sie sich? Die Hashimoto-Thyreoiditis, eine Form der Schilddrüsenentzündung, zählt zu den Autoimmunkrankheiten, bei denen vom Abwehrsystem produzierte Antikörper sich gegen das körpereigene Gewebe wenden.

Wundern Sie sich nicht über den exotischen Namen dieser Form der Schilddrüsenentzündung: Benannt wurde die Krankheit nach ihrem Entdecker, dem japanischen Arzt Hashimoto. Exotisch ist die Krankheit jedoch nicht – im Gegenteil: Sie tritt häufiger auf, als früher angenommen wurde.

Die Vorgänge bei der Hashimoto-Thyreoiditis

Eine Entzündung ist eigentlich eine normale Reaktion des Körpers auf Krankheitserreger – der Körper kämpft mit allen Mitteln gegen die Krankheitserreger an. Bei der Hashimoto-Thyreoiditis ist das etwas anders: Der Organismus erkennt die Schilddrüsenzellen nicht mehr als körpereigenes Gewebe, sondern sieht sie als körperfremd an. Daraufhin produziert das Immunsystem Antikörper, die die gesunden Schilddrüsenzellen zerstören können. Diese Sonderform wird auch als atrophische Variante der Hashimoto-Thyreoiditis bezeichnet. Diese Autoantikörper tragen die Namen Thyreoglobulin-Antikörper (Tg AK) und Schilddrüsen-Peroxidase Antikörper (TPO AK). Nach und nach geht durch den Zerstörungsprozeß, den die Autoantikörper anrichten, ein Großteil des gesunden Schilddrüsengewebes verloren.

Bei der Hashimoto-Thyreoiditis zerstören Autoantikörper gesundes Schilddrüsengewebe.

Hashimotos Folgen

Leider, muss man sagen, tarnt sich die Hashimoto-Thyreoiditis lange Zeit. Vor allem im Anfangsstadium bemerken die Kranken normalerweise nichts von der chronischen Schilddrüsenentzündung – Schmerzen treten nicht auf. Ganz selten tritt die Hashimoto-Thyreoiditis durch ein leichtes Druckgefühl im Halsbereich in Erscheinung. Erst nach einiger Zeit, wenn die Autoantikörper bereits größere Teile des Schilddrüsengewebes zu Grunde gerichtet haben, zeigen sich die ersten auffälligeren Beschwerden. Da durch diese Krankheit Schilddrüsenzellen zerstört werden, stellt sich über kurz oder lang eine Schilddrüsenunterfunktion ein – funktionsuntüchtige Zellen sind schließlich nicht mehr in der Lage, noch die Hormone T3 und T4 zu produzieren. Zwar versucht die Hirnanhangsdrüse, durch vermehrte Ausschüttung von TSH die Schilddrüsenzellen zur verstärkten Produktion von T3 und T4 anzuregen, doch irgendwann reicht die Versorgung der Körperzellen nicht mehr aus.

Im Anfangsstadium ruft die Hashimoto-Thyreoiditis im Regelfall kaum Beschwerden hervor. Nach schleichendem Beginn wird die Krankheit oft erst an der entstehenden Schilddrüsenunterfunktion erkannt.

Mit der Schilddrüsenunterfunktion stellen sich nach und nach auch die bei der Hypothyreose beschriebenen Beschwerden ein. Deshalb muss beim Auftreten dieser Symptome auch immer als Ursache an eine Hashimoto-Thyreoiditis gedacht werden.

Die gefährlichste der Schilddrüsenentzündungen ist die atrophische Variante der Hashimoto-Thyreoiditis, da sie das Schilddrüsengewebe unwiderruflich zerstört und zur Unterfunktion führt.

Sind die Ursachen für die Hashimoto-Thyreoiditis bekannt?

Warum es zur dieser Form der Schilddrüsenentzündung kommt, ist bislang noch nicht geklärt. Eine Rolle scheinen hier – genau wie bei der Basedow'schen Krankheit – auch wieder die Gene zu spielen, da die Krankheit innerhalb einer Familie gehäuft auftritt. Frauen erkranken wesentlich öfter an der Hashimoto-Thyreoiditis als Männer.

Die Hashimoto-Thyreoiditis ist eine dem Morbus Basedow verwandte Autoimmunkrankheit, an der Frauen häufiger als Männer erkranken.

Andere Formen der Schilddrüsen-entzündung

Weitere Entzündungen **Neben der Hashimoto-Thyreoiditis gibt es weitere Formen der Schilddrüsenentzündung, die in der Regel durch Krankheitserreger hervorgerufen werden.**

Die Hashimoto-Thyreoiditis ist eine chronische Form der Schilddrüsenentzündung. Sie besteht über einen längeren Zeitraum. Außerdem ist auch noch die akute Thyreoiditis anzutreffen, die sich sofort durch Schmerzen bemerkbar macht, sowie die so genannte subakute Thyreoiditis, auch Thyreoiditis de Quervain genannt.

Die akute Schilddrüsenentzündung

Heftige Schmerzen ruft die akute Thyreoiditis hervor, die in der Regel durch Bakterien oder Pilze ausgelöst wird. Der vordere Hals tut weh. Vor allem die Region um die Schilddrüse ist äußerst druckempfindlich. Bereits beim Schlucken oder Kauen treten die Schmerzen auf. Normalerweise geht mit der akuten Schilddrüsenentzündung auch hohes Fieber einher. Manchmal bildet sich zudem ein Abszess, eine eitrige Einschmelzung in der Schilddrüse, die oft von außen nicht erkannt wird.

Die akute Thyreoiditis tritt jedoch nur sehr selten auf – Bakterien, die in den Körper gelangen, greifen die Schilddrüse in der Regel nur bei geschwächten Abwehrkräften an.

Die eitrige akute Schilddrüsenentzündung tritt selten auf.

Auslöser der subakuten Thyreoiditis

Allzu häufig ist auch die so genannte subakute Thyreoiditis nicht. Sie tritt jedoch öfter auf als die akute Form der Schilddrüsenentzündung. Subakut wird sie genannt, weil sie nicht sofort mit aller Heftigkeit ausbricht und einen längeren Krankheitsverlauf nimmt als die akute Thyreoiditis.

Die subakute Schilddrüsenentzündung meldet sich meistens etwa 14 Tage nach einer überstandenen Erkältungskrankheit, von der die oberen Luftwege betroffen waren. Man vermutet, dass die Viren, die diesen grippalen Infekt hervorgerufen haben, hinunter zur Schilddrüse gewandert sind und dort die Entzündung verursacht haben.

Symptome der subakuten Entzündung

Gliederschmerzen, Abgeschlagenheit, Fieber und Schmerzen in der vorderen Halsregion – das sind die Anzeichen, mit denen sich die subakute Schilddrüsenentzündung bemerkbar macht. Außerdem schwillt die Schilddrüse in der Regel an. Dies ruft Schmerzen hervor, die bis in den Kopfbereich ausstrahlen können.

Die subakute Schilddrüsenentzündung macht es übrigens wie die Hashimoto-Thyreoiditis: Sie zerstört ebenfalls Areale mit gesunden Schilddrüsenzellen. Allerdings bleiben nach Abklingen der Krankheit meist noch genug Zellen erhalten, um eine ausreichende Menge an Hormonen zu produzieren. Außerdem „erholen“ sich in den meisten Fällen die betroffenen Areale wieder. Durch die Entzündung gehen in der Anfangsphase der Krankheit die bereits in den Zellen gebildeten und gespeicherten Hormone in die Blutbahn über. Es kommt zu einem Hormonüberschuss im Körper. Dies kann unter Umständen zu einer vorübergehenden Hyperthyreose führen.

Die subakute Schilddrüsenentzündung ist wie die akute Thyreoiditis sehr schmerzhaft. Sie verursacht ein ausgeprägtes Krankheitsgefühl.

Schilddrüsenkrebs: eine gefürchtete Krankheit

Krebs

Wenn von Knoten in der Schilddrüse die Rede ist, denken die meisten Menschen unweigerlich an Krebs. Doch zum Glück sind nur die wenigsten Schilddrüsenknoten tatsächlich bösartig.

Im Jahr erkranken in Deutschland pro 10 000 Einwohner nur etwa drei Menschen an Schilddrüsenkrebs.

Von den vielen Knoten, die vor allem in der vergrößerten Schilddrüse – dem Kropf – gefunden werden, enthalten höchstens drei Prozent Krebszellen. Zudem zählt der Krebs der Schilddrüse zu den weniger gefährlicheren Krebsformen, an denen nur wenige der Betroffenen sterben.

Ein paar kurze Erläuterungen zum Krebs

Im Organismus jedes Menschen entsteht tagtäglich eine kleine Anzahl von Zellen, die ein verändertes Erbgut aufweisen. Normalerweise werden diese Zellen von der körpereigenen Polizei, den Zellen des Immunsystems, unschädlich gemacht. Manchmal jedoch kommt es vor, dass die Körperpolizei Übeltäter übersieht. In diesem Fall kann es passieren, dass sich die veränderte Zelle unkontrolliert vermehrt.

Krebszellen sind Zellen, die gesunde Zellen verdrängen oder zerstören und rascher wachsen als normale Körperzellen.

Krebszellen haben die unangenehme Angewohnheit, sich stärker zu vermehren als die normalen Körperzellen. Bei diesem Wucherungsprozess werden gesunde Zellen verdrängt. Die Krebszellen wachsen zudem in gesundes Gewebe und zerstören es. Die normalen Zellen haben dem nichts entgegenzusetzen und können ihre Funktion nicht länger wahrnehmen. Die Krebszellen, die sich zu einer Geschwulst zusammenschließen, wuchern unterdessen weiter.

Wenn sich Zellen vom Krebsherd lösen, können sie in die Blut- oder die Lymphbahn geschwemmt werden und sich an anderen Körperstellen niederlassen, wo sie dann erneute Geschwülste bilden, so genannte Tochtergeschwülste oder Metastasen. Vor dieser Metastasenbildung hat man im Allgemeinen Angst, denn wenn der Krebs nicht mehr auf einen Ort begrenzt ist, ist es wesentlich schwieriger, ihn erfolgreich zu bekämpfen.

Die Diagnose Krebs der Schilddrüse ist nicht unbedingt ein Todesurteil. Die meisten Formen des Schilddrüsenkrebses können geheilt werden.

Welche Merkmale werden Schilddrüsenkrebs zugesprochen?

Schilddrüsenkrebs gehört zu den seltenen Krebsformen und zu den ungefährlicheren. Die meisten Karzinome – so heißen bestimmte Formen von Krebsgeschwülsten – wachsen nur langsam und bilden erst nach längerem Bestehen Metastasen.

Es gibt eine Reihe verschiedener Karzinome, die sich in der Schilddrüse bilden können. Relativ harmlos (wenn man bei Krebs überhaupt von Harmlosigkeit sprechen kann) sind die so genannten differenzierten Karzinome, zu denen das papilläre sowie das follikuläre Karzinom gehören.

Weniger harmlos, aber noch wesentlich seltener sind die so genannten undifferenzierten Karzinome, die schnell wachsen und ebenso schnell zur Metastasenbildung neigen.

Wird solch ein Karzinom festgestellt, gilt es möglichst rasch zu handeln, um eine Ausbreitung des Krebses zu verhindern und eventuell eine Heilung doch noch zu ermöglichen. Geheilt werden kann der undifferenzierte Krebs jedoch nur, wenn er sich noch im Anfangsstadium seiner Entstehung befindet.

Der Unterschied zwischen differenzierten und undifferenzierten Karzinomen

Differenzierte Krebszellen ähneln zumindest noch bis zu einem gewissen Grad den gesunden Zellen, die sie umgeben. Allerdings erfüllen sie nicht mehr die Funktionen der gesunden Zellen. Differenzierte Krebszellen reagieren allerdings noch auf das Hormon TSH, das von der Hirnanhangsdrüse ausgeschüttet wird – dieses Hormon bringt die Geschwülste zum Wachsen.

Undifferenzierte Krebszellen haben keinerlei Ähnlichkeit mehr mit den umliegenden gesunden Körperzellen. Sie verfolgen nur noch ein Ziel: sich auszubreiten und die Herrschaft im Körper zu übernehmen. Wenn ihnen das gelingt, weil der Krebs nicht rechtzeitig entdeckt wird, gibt es keine Heilungschancen mehr.

Andere Formen des Krebses in der Schilddrüse

Erinnern Sie sich daran, dass in der Schilddrüse noch weitere Zellen zu Hause sind, die mit der Produktion der Hormone T3 und T4 nichts zu tun haben? Diese C-Zellen können ebenfalls von Krebs betroffen sein – man bezeichnet die Krebsform als C-Zell-Karzinom oder medulläres Schilddrüsenkarzinom. Es ist gefährlicher als andere Formen des Schilddrüsenkrebses. Es kann eine erbliche Veranlagung für diese Krebsart vorliegen. Trägt ein Elternteil das Gen für das C-Zell-Karzinom in sich, liegt die Wahrscheinlichkeit bei 50 Prozent, dass ein Kind ebenfalls an dieser Krebsform erkrankt. Bemerkbar macht sich das C-Zell-Karzinom durch einen erhöhten Blutspiegel des Hormons Calcitonin, da die Geschwulst zusätzliche Mengen dieses Hormons herstellt. Es können sich in der Schilddrüse auch Metastasen von anderen Krebsherden im Körper ansiedeln. In der Regel sind die Chancen auf Heilung bei Tochtergeschwülsten einer anderen Krebsart eher ungünstig.

Ein C-Zell-Karzinom ist nicht direkt als Krebs der Schilddrüse zu bezeichnen. In diesem Fall geht der Krebs von den C-Zellen in der Schilddrüse aus.

Eine weitere Krebsart, die nicht in der Schilddrüse ihren Ausgang nimmt, kann die schmetterlingsförmige Drüse befallen. Die so genannten Lymphome gehen vom Lymphsystem aus und zeichnen sich leider durch ein rasches Wachstum aus.

Wodurch wird Krebs hervorgerufen?

Bislang kennt noch niemand die genauen Ursachen für Krebs. Sehr wohl sind jedoch einige Auslöser bekannt. Umwelteinflüsse können genauso eine Rolle spielen wie ererbte Veranlagungen.

Auch die Ursachen für Schilddrüsenkrebs liegen im Dunkeln. Man kann nur sagen, unter welchen Bedingungen sich die Wahrscheinlichkeit, an Schilddrüsenkrebs zu erkranken, erhöht.

Die Ursachen für Krebs sind trotz angestrengter Forschungsbemühungen noch immer weitgehend unbekannt.

Dies ist der Fall, wenn Menschen, vor allem Kinder, viele Jahre vor Auftreten der Krebskrankheit einer erhöhten Röntgenstrahlung oder radioaktiven Strahlung (zum Beispiel nach einem Kernreaktorunglück) im vorderen Halsbereich ausgesetzt wurden.

Wie man Krebs erkennt

Jeder Knoten, der sich in der Schilddrüse befindet, bedarf der genaueren Untersuchung. Zwar ist die Wahrscheinlichkeit gering, dass es sich um Krebs handelt. Es bedarf jedoch in jedem Fall der ärztlichen Abklärung, um wirklich sicherzustellen, dass kein Karzinom vorliegt.

Beim C-Zell-Karzinom kann durch eine Erhöhung des Calcitonin-Spiegels im Blut eine frühe Diagnose gestellt werden. Für die anderen Krebsarten gibt es leider noch keine so genannten Tumormarker.

Da sich Knoten vor allem in vergrößerten Schilddrüsen bilden, sollte man zur Vorbeugung darauf achten, genug Jod zu sich zu nehmen.

Schilddrüsenkrankheiten und Schwangerschaft

Schwangerschaft

Schilddrüsenkrankheiten können Auswirkungen auf die Fruchtbarkeit einer Frau haben. Sie können aber auch Probleme während einer Schwangerschaft hervorrufen.

Natürlich müssen Frauen während einer Schwangerschaft auch auf eine ausreichende Jodversorgung durch Einnahme von Jodid-Tabletten achten, damit weder sie noch das ungeborene Kind ein Schilddrüsenleiden bekommen. Auch nach der Entbindung bekommen manche Frauen Probleme mit ihrer Schilddrüse.

Unfruchtbar durch Schilddrüsenkrankheiten

Sie wissen ja, dass die Schilddrüse durch die Schilddrüsenhormone Einfluss auf alle Zellen des Körpers hat. Selbstverständlich werden auch die Hoden des Mannes und die Eierstöcke der Frau durch diese Hormone beeinflusst. Diese Organe sind unter anderem zuständig für die Herstellung der männlichen beziehungsweise der weiblichen Geschlechtshormone.

Sowohl eine Schilddrüsenüberfunktion als auch eine Unterfunktion können schuld an ungewollter Kinderlosigkeit sein.

Ist nun die Funktion der Schilddrüse gestört – zum Beispiel durch eine Über- oder eine Unterfunktion –, können Hoden und Eierstöcke in Mitleidenschaft gezogen werden. Zeugungsunfähigkeit beim Mann und Empfängnisunfähigkeit bei der Frau können die Folge sein. Bei Unterfunktion der Schilddrüse ist dies allerdings häufiger der Fall als bei einer Überfunktion.

Probleme, die während der Schwangerschaft möglich sind

Leider können Schilddrüsenkrankheiten auch Einfluss auf den Verlauf einer Schwangerschaft haben. Beispielsweise sind Fehl- und Frühgeburten häufiger bei Frauen, bei denen eine Unterfunktion der Schilddrüse oder die Basedow'sche Krankheit vorliegen. Werden diese Krankheiten behandelt, kann das Risiko einer Fehl- oder Frühgeburt verringert werden.

Schilddrüsenkrankheiten können allerdings auch das Wohlbefinden in der Schwangerschaft negativ beeinflussen. Beispielsweise können Beschwerden, die häufig mit Schwangerschaften einhergehen, wie vermehrtes Schwitzen, durch die Schilddrüsenkrankheit noch verstärkt werden.

Nimmt die Schwangere keine ausreichende Menge Jod zu sich, kommt es in vielen Fällen dazu, dass sich im Verlauf der Schwangerschaft die Schilddrüse vergrößert.

Krankheiten nach der Entbindung

Bei ungefähr fünf bis neun Prozent aller Frauen kommt es einige Tage oder Wochen nach der Entbindung zu einer Schilddrüsenstörung, die sich Post-partum-Thyreoiditis nennt.

Die Beschwerden, die diese Krankheit hervorruft, bleiben bis zu neun Monate bestehen. Zuerst kommt es infolge einer Schädigung der Schilddrüsenzellen oft zu einer vermehrten Ausschüttung der Schilddrüsenhormone ins Blut, so dass Symptome einer Schilddrüsenüberfunktion wie starkes Schwitzen und Nervosität auftreten können.

Kurze Zeit darauf folgen oft die Anzeichen für eine Hypothyreose. Normalerweise legen sich jedoch all diese Beschwerden nach einigen Monaten.

Die Post-partum-Thyreoiditis, eine Sonderform der Immunthyreoiditis, kann nach der Entbindung bei der Mutter auftreten und über zwei bis drei Monate zunächst zu einer Überversorgung, danach zu einer Unterversorgung mit Schilddrüsenhormonen führen.

Schilddrüsenkranke Kinder

Kindheit

Wenn Kinder Störungen der Schilddrüse aufweisen, äußert sich das in anderer Form als bei Erwachsenen. Kinder befinden sich noch im Wachstum, und eine Schilddrüsenfehlfunktion kann Auswirkungen auf die seelische und körperliche Entwicklung des Kindes haben.

Auch Kinder und sogar Neugeborene können schon unter einer Schilddrüsenkrankheit leiden.

In jedem Fall sollten Sie Ihrem Kinderarzt mitteilen, wenn in Ihrer Familie Schilddrüsenkrankheiten vorkommen. Vor allem über vorliegende erbliche Schilddrüsenkrankheiten wie die Basedow'sche Krankheit sollte Ihr Arzt Bescheid wissen.

Wie wird Hyperthyreose bei Kindern erkannt?

Bereits im Kindesalter kann es – allerdings sehr selten – zu einer Überfunktion der Schilddrüse kommen. Gründe dafür sind vor allem die Basedow-Hyperthyreose oder eine genetisch bedingte Mutation im Rezeptor für das Hirnanhangsdrüsenhormon TSH.

Bei Kindern können die Symptome einer Schilddrüsenüberfunktion jedoch leicht übersehen oder fehlgedeutet werden – den Kindern selbst fallen die körperlichen Veränderungen oft nicht auf. Sie klagen daher auch nicht über Beschwerden.

Überaktivität und rasches Wachstum können auf ein Schilddrüsenproblem hinweisen. Ebenso können Kinder mit einer Hyperthyreose leichter ins Schwitzen kommen.

Hypothyreose im Kindesalter

Schon Neugeborene können unter einer Unterfunktion der Schilddrüse leiden. Grund ist meist eine nicht oder nur unvollständig ausgebildete Schilddrüse. Auch im Kindesalter kann eine Hashimoto-Thyreoiditis Ursache einer Hypothyreose sein. Die Schilddrüsenunterfunktion kann bewirken, dass ein Kind sowohl in der körperlichen als auch in der geistigen Entwicklung zurückbleibt. Schließlich ist gerade während des Wachstums eine ausreichende Versorgung der Körperzellen mit Schilddrüsenhormonen wichtig. Nur so können die Körperzellen so arbeiten, wie sie sollen.

Die betroffenen Kinder sind meistens müde, unkonzentriert und antriebsarm. Ihr Haar wirkt stumpf, ihre Haut ist blass. Oft nehmen die betroffenen Kinder an Gewicht zu, obwohl sie nicht mehr essen als sonst auch.

Sowohl eine Hyperthyreose als auch eine Hypothyreose müssen so schnell wie möglich behandelt werden, damit die weitere Entwicklung des Kindes in normalen Bahnen verläuft.

Alle Schilddrüsenkrankheiten, die bereits im Kindesalter auftreten, bedürfen der sofortigen Behandlung, damit das Kind keinen bleibenden Schaden davonträgt.

Wenn sich Knoten in der Schilddrüse finden...

Keine Angst! Auch bei Kindern ist Schilddrüsenkrebs selten. Doch wenn sich in der Schilddrüse eines Kindes Knoten finden, ist es unbedingt notwendig, die Ursache abzuklären. Meist handelt es sich auch hier um autonome Adenome (durch Mutationen im TSH-Rezeptor hervorgerufen) oder funktionslose, keine Hormone mehr produzierende Zellareale. Trotzdem muss sichergestellt werden, dass kein Krebs vorliegt.

In den seltenen Fällen, in denen bereits bei Kindern Schilddrüsenkrebs gefunden wird, bestehen bei einer sofortigen Behandlung allerdings sehr gute Chancen auf eine Heilung.

Das Alter und die Schilddrüse

Alter

Bei Menschen, die im Alter von über 65 Jahren erstmals eine Schilddrüsenkrankheit entwickeln, wird diese häufig nicht erkannt.

Die Begleiterscheinungen, die Schilddrüsenkrankheiten mit sich bringen, werden gerade in fortgeschrittenen Lebensjahren oft auf das Alter zurückgeführt. Natürlich müssen Schilddrüsenstörungen auch im Alter noch behandelt werden, wenn sie entdeckt werden.

Die Schilddrüsenüberfunktion im Alter

Gehen ältere Menschen mit Schilddrüsenüberfunktion zum Arzt, werden sie oft auf eine Herz-Kreislauf-Krankheit behandelt, da Herzrasen meist mit Hyperthyreose einhergeht.

Die Symptome, mit denen sich eine Schilddrüsenüberfunktion im Alter äußert, sind die gleichen wie bei jüngeren Patienten. Allerdings werden die Patienten aus verständlichem Irrtum oft auf eine andere Grundkrankheit hin behandelt.

Ein wichtiges Symptom bei der Hyperthyreose ist Herzrasen, auch Herzrhythmusstörungen sind nicht selten. Da im Alter Herz-Kreislauf-Beschwerden wesentlich häufiger auftreten, werden diese Beschwerden nicht selten zunächst auf eine Krankheit des Herzens zurückgeführt.

Stärkere Nervosität oder Gereiztheit werden ebenfalls oft allein auf das Alter zurückgeführt. Selbst nahe Verwandte sind der Ansicht, ihre Familienangehörigen würden allmählich ein wenig „wunderlich".

Ein weiteres Indiz für eine Hyperthyreose tritt im Alter manchmal gar nicht mehr in Erscheinung oder fällt nicht auf: die Schilddrüsenvergrößerung.

Problem der Diagnose bei Hypothyreose

Die Schilddrüsenunterfunktion im Alter wird noch seltener erkannt als eine Schilddrüsenüberfunktion. Dies ist durchaus verständlich – schließlich nehmen viele Kranke die Symptome der Hypothyreose als normale Alterserscheinungen klaglos hin.

Müdigkeit, Antriebsarmut, Minderung der Leistungsfähigkeit, depressive Verstimmungen und Konzentrationsschwäche werden einfach auf das fortgeschrittene Lebensalter zurückgeführt. Auch Gewichtszunahme ist im Alter nicht selten. Haarausfall, trockene Haut und Verstopfung gehen ebenfalls oft mit dem Alter einher.

Die Symptome, die mit der Hypothyreose einhergehen, werden oft fälschlich als normale Alterserscheinung gedeutet.

Schade, dass diese Beschwerden so häufig hingenommen werden – liegt eine Hypothyreose vor, könnten bei sachgerechter Behandlung die Betroffenen wieder ein Leben führen, das ihnen Freude bereitet.

Wird das Risiko für Schilddrüsenkrebs im Alter größer?

Da sich in vielen Schilddrüsen mit fortgeschrittenen Lebensjahren Knoten finden, ist die Wahrscheinlichkeit, Krebs zu entdecken, etwas größer. Dennoch ist es natürlich auch im Alter nicht gesagt, dass ein Knoten in der Schilddrüse zwingend auf Krebs hindeutet. In jedem Fall erfordert ein Knoten eine eingehendere Untersuchung der Schilddrüse.

Falls Krebs der Schilddrüse entdeckt wird, ist die Gefahr etwas höher, dass es sich um ein undifferenziertes, also ein sich rasch ausbreitendes Karzinom handelt. Bei solch einem Karzinom sind die Heilungschancen in der Regel leider schlechter als bei der differenzierten Form.

Allerdings sterben auch die wenigsten älteren Menschen an Krebs der Schilddrüse – manchmal wird der Krebs sogar erst nach dem Tod entdeckt.

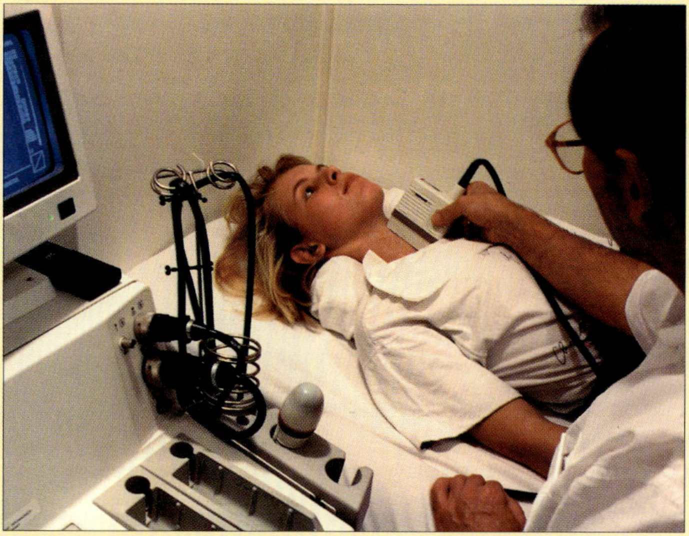

Erkennung und Behandlung von Schilddrüsen-krankheiten

Da die Schilddrüse sehr wichtige Funktionen erfüllt, ist eine Behandlung einer Schilddrüsenkrankheit ein Muss, wenn sie erkannt wird. Im folgenden Kapitel erfahren Sie alles über Untersuchungs- und Behandlungsmethoden.

Die Krankengeschichte: der erste Schritt zur Diagnose

Anamnese

Vielleicht vermuten Sie bereits, dass Sie unter einer Schilddrüsenkrankheit leiden, wenn Sie zum Arzt gehen. Vielleicht kommt Ihr Arzt aber auch erst bei der Untersuchung darauf.

In jedem Fall ist das Gespräch mit dem Arzt sehr wichtig. Denn durch die Schilderung Ihrer Beschwerden kommt er der Diagnose etwas näher. Wahrscheinlich wird Ihr Arzt Ihnen zusätzlich Fragen stellen, um sich Gewissheit darüber zu verschaffen, welche Krankheit vorliegen könnte.

Welcher Arzt soll aufgesucht werden?

Solange Sie noch nicht wissen, dass Sie unter einer Schilddrüsenkrankheit leiden, und solange keine speziellen Untersuchungen durchgeführt werden müssen, werden Sie sicherlich zu Ihrem Hausarzt gehen. Das ist in jedem Fall die richtige Entscheidung. Meint Ihr Arzt, dass eine Krankheit der Schilddrüse vorliegen könnte, und müssen weiterführende Untersuchungen dies belegen, wird er Sie zu einem Spezialisten überweisen. Im Fall von Schilddrüsenkrankheiten ist das in der Regel ein Endokrinologe (Hormonspezialist) oder ein Nuklearmediziner, der unter anderem radioaktiv markierte Stoffe zur Diagnostik einsetzt. Keine Angst! Das mag sich gefährlich anhören, ist es aber nicht, wie Sie noch erfahren werden!

Zur Durchführung spezieller Untersuchungen und Behandlungen wird Ihr Hausarzt Sie wahrscheinlich zu einem Schilddrüsenspezialisten überweisen.

Das Gespräch mit dem Arzt

Selbstverständlich sollten Sie zunächst Ihre Beschwerden schildern – Sie sollten Ihrem Arzt mitteilen, wie lange Sie schon unter den Problemen leiden und wie schmerzhaft Ihre Beschwerden sind. Bei vielen Symptomen von Schilddrüsenunter- und Schilddrüsenüberfunktion ist es nicht ganz einfach für den Arzt, gleich die richtige Diagnose zu stellen. Deshalb hat er bestimmt auch noch eine Reihe von Fragen an Sie.

In jedem Fall sollten Sie Ihrem Arzt mitteilen, welche Medikamente Sie nehmen. Frauen dürfen in gar keinem Fall den Hinweis auf die Einnahme der Anti-Baby-Pille vergessen. Durch dieses Präparat können Blutwerte verändert sein, welche für die Diagnose von Schilddrüsenkrankheiten wichtig sind. Auch eine Schwangerschaft darf nicht verschwiegen werden, weil bestimmte Untersuchungen und Behandlungen während der Schwangerschaft zum Schutz des Ungeborenen nicht durchgeführt werden dürfen.

Ihr Arzt wird Ihnen sicherlich einige Fragen stelllen. Wenn Sie nicht wissen, was Ihr Arzt mit einer Frage bezweckt, bitten Sie ihn, Ihnen den Grund für seine Frage zu erklären. Er wird Ihnen mit Sicherheit gern mitteilen, wofür er die Informationen benötigt.

Falls ein Verdacht auf eine Schilddrüsenkrankheit besteht, wird Ihr Arzt Sie auch nach ähnlichen Krankheiten in Ihrer Familie fragen. Sie wissen ja, dass Schilddrüsenleiden oft familiär gehäuft auftreten.

Wenn Ihr Arzt etwas über Ihr seelisches Befinden erfahren möchte, geben Sie ihm bitte ebenfalls ehrlich Auskunft. Schließlich gehen mit Schilddrüsenkrankheiten häufig Symptome wie Nervosität und Gereiztheit oder Antriebsarmut und Lustlosigkeit einher.

Sollte bei Ihnen in letzter Zeit eine Untersuchung mit radioaktiven Substanzen durchgeführt worden sein, muss der Arzt dies wissen. Auch eine ungewöhnliche hohe Aufnahme von Jod (etwa infolge einer Medikamenteneinnahme) ist für den Arzt von Interesse. Schließlich können dadurch Schilddrüsenkrankheiten zum Ausbruch gekommen sein.

Der Körper gibt Auskunft – die körperliche Untersuchung

Körperliche Untersuchung **Nach der Aufnahme der Krankengeschichte wird Ihr Arzt Sie näher untersuchen, damit er einer Krankheit schnell auf die Spur kommt.**

Hat Ihr Arzt nach dem Gespräch mit Ihnen bereits den Verdacht, dass bei Ihnen eine Schilddrüsenkrankheit vorliegt, wird er zunächst einmal die Organe näher untersuchen, die von einem Schilddrüsenleiden in der Regel als Erstes betroffen sind.

Was der Arzt zunächst untersucht

Ihr Arzt wird erst einmal Ihren Blutdruck sowie Ihren Puls messen. Sie erinnern sich: Bei einer Schilddrüsenüberfunktion leiden die Betroffenen oft unter beschleunigtem, bei Schilddrüsenunterfunktion unter verlangsamtem Herzschlag.

Eine Schilddrüsenüberfunktion erkennt der Arzt oft auch daran, dass die Haut des Kranken feucht-warm ist und dass seine Hände zittern. Bei einer Unterfunktion der Schilddrüse fallen vor allem die oft blasse Haut und die stumpfen Haare auf.

Der Arzt wird sicherlich auch mit einem Stethoskop horchen, ob beim Einatmen ein Pfeifen zu hören ist. Dies kann auf eine Verengung der Luftröhre durch die vergrößerte Schilddrüse hindeuten.

Bei Verdacht auf eine Basedow'sche Krankheit wird der Arzt vor allem auch Ihre Augen einer genauen Prüfung unterziehen. Er wird besonders darauf achten, ob die Augen aus ihren Höhlen treten und ob die Symptome einer Bindehautentzündung (wie Augentränen) oder Lidschwellungen bestehen.

Die eigentliche Untersuchung der Schilddrüse

Selbstverständlich wird sich Ihr Arzt auch Ihre Schilddrüse näher ansehen wollen. Zunächst wird er Sie auffordern, Ihren Kopf ein wenig in den Nacken zu beugen und zu schlucken. Dabei kann Ihr Arzt eine eventuell vergrößerte Schilddrüse vielleicht bereits erkennen.

Anschließend tastet er die Schilddrüse mit den Händen ab. Bitte teilen Sie Ihrem Arzt mit, wenn Sie dabei ein unangenehmes Druckgefühl oder gar Schmerzen verspüren. In manchen Fällen kann der Arzt bereits durch das Berühren der Schilddrüse feststellen, ob die beiden Schilddrüsenlappen ein wenig vergrößert sind oder ob sich ein oder mehrere Knoten in der Schilddrüse befinden. Ein Schwirren der Schilddrüse kann auf eine Basedow'sche Krankheit hinweisen.

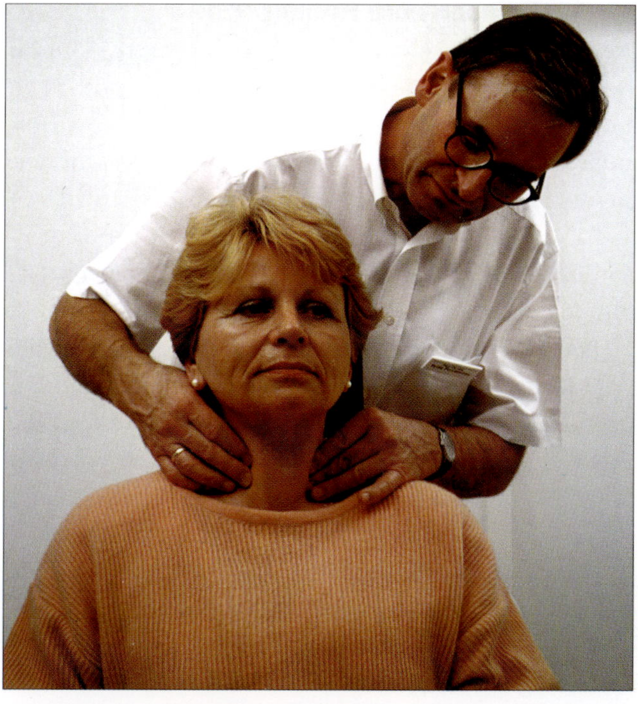

Zunächst beobachtet der Arzt die Schilddrüse, wenn der Patient Wasser trinkt. Danach tastet er sie nach Veränderungen ab (so genannte Palpation).

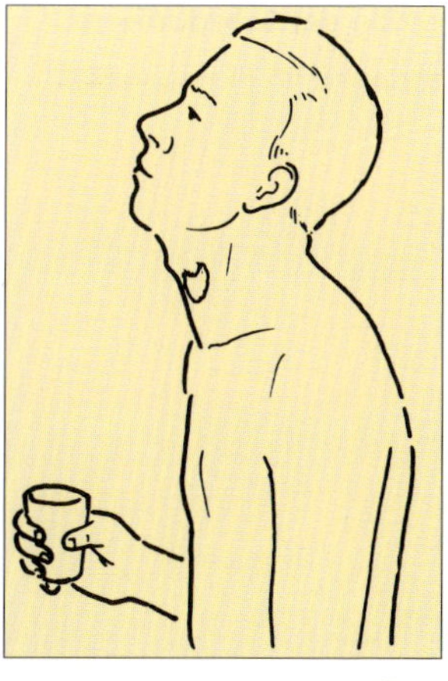

Unentbehrliche Blutuntersuchungen

Blutuntersuchungen

Für die Diagnose von Schilddrüsenkrankheiten sind Blutuntersuchungen sehr wichtig – schließlich kann man von der Menge der im Blut enthaltenen Hormone bereits auf eine Krankheit schließen.

Ein weiterer Vorteil von Blutuntersuchungen ist, dass sie für den Patienten keinerlei Belastung darstellen; ihm muss nur einmal etwas Blut abgenommen werden.

Die Suche nach dem Hormon TSH

Das von der Hirnanhangsdrüse ausgeschüttete Hormon TSH regelt die Herstellung der Hormone T3 und T4 in der Schilddrüse. Ist eine zu geringe Menge dieser Hormone im Blut enthalten, wird mehr TSH ausgeschüttet, um die Produktion anzuregen. Ist umgekehrt zu viel T3 und T4 im Blut, wird die Ausschüttung von TSH gedrosselt, um die Herstellung der Schilddrüsenhormone zu stoppen.

Mit Hilfe von Blutuntersuchungen wird die Konzentration der Schilddrüsenhormone im Blut gemessen.

Bei einer Schilddrüsenunterfunktion, bei der die Schilddrüse zum Beispiel wegen der Schädigung von Drüsengewebe zu wenig T3 und T4 produziert, ist die TSH-Konzentration im Blut erhöht. Dadurch versucht das TSH, die gesunden Schilddrüsenzellen zu einer vermehrten Hormonproduktion anzuregen. Bei einer Schilddrüsenüberfunktion ist die TSH-Ausschüttung dagegen stark gedrosselt oder kaum mehr vorhanden, da dem Körper reichliche Mengen T3 und T4 bereits zur Verfügung stehen.

Überprüfung der Hirnanhangsdrüsenfunktion

Es gibt Fälle, in denen eine Unterfunktion der Schilddrüse auf eine Krankheit der Hirnanhangsdrüse zurückzuführen ist. Die Drüse ist dann nicht mehr in der Lage, eine ausreichende Menge TSH zu produzieren, um die Schilddrüsenzellen zu stimulieren, T3 und T4 herzustellen.

Zur Überprüfung der Hirnanhangsdrüsenfunktion wird zunächst einmal der TSH-Wert im Blut gemessen, wie eben beschrieben. Kurz darauf erhält der Patient ein Nasenspray, das das Hormon TRH enthält. Dieses Hormon wird vom Zwischenhirn ausgeschüttet und regt die Hirnanhangsdrüse zur Produktion von TSH an. Einige Zeit nach dem Einbringen von TRH wird dem Patienten erneut Blut abgenommen, um festzustellen, ob sich der TSH-Wert durch die Zufuhr von TRH erhöht hat. Normalerweise ist dies der Fall.

Ein weiterer Test, bei dem der TSH-Wert bestimmt wird, nachdem dem Patienten das Zwischenhirnhormon TRH verabreicht wurde, trifft eine Aussage darüber, ob die Hormonausschüttung der Hirnanhangsdrüse gestört ist.

Falls die TSH-Konzentration im Blut nicht oder kaum ansteigt, ist die Wahrscheinlichkeit groß, dass die Hirnanhangsdrüse nicht richtig arbeitet, also nicht genügend TSH ausschüttet.

Möglicherweise kann eine Schilddrüsenüberfunktion vorliegen, die verhindert, dass der TSH-Spiegel auf den normalen Wert ansteigt. Wenn umgekehrt jedoch zu viel TSH ausgeschüttet wird, liegt wahrscheinlich eine Unterfunktion der Schilddrüse vor.

Wird eine erniedrigte oder erhöhte TSH-Konzentration im Blut festgestellt, folgen in der Regel weitere Blutuntersuchungen. In jedem Fall müssen nun die T3- und T4-Werte im Blut überprüft werden, an denen man unter anderem den Grad einer Schilddrüsenunter- oder -überfunktion ablesen kann.

Die Werte der Testergebnisse lassen Sie sich von Ihrem Arzt erklären; er wird Ihnen gerne mitteilen, was die Werte genau aussagen.

Die Bestimmung von T3 und T4

Wie Sie wissen, sind die meisten Schilddrüsenhormone im Blut an ein Transporteiweiß gebunden – nur ein Bruchteil kreist frei im Blutstrom und steht den Körperzellen sofort zur freien Verfügung. Bei der Bestimmung der Schilddrüsenhormone T3 und T4 wird im Allgemeinen nur die Konzentration der freien Schilddrüsenhormone gemessen. Denn bestimmte Medikamente können die Menge der Transporteiweiße und damit auch die T3- und T4-Werte verändern. An der Konzentration des freien T3 und T4 ändert sich nur wenig.

Als normal werden die Blutwerte der Schilddrüsenhormone bezeichnet, wenn die Menge des freien T3 zwischen 3,5 und 8,0 milliardstel Gramm pro Deziliter (dl) Blutserum und die Menge des freien T4 zwischen 0,8 und 1,8 milliardstel Gramm pro Deziliter Blutserum liegt. Wie Sie sehen, sind das außergewöhnlich geringe Mengen Schilddrüsenhormon, die jedoch ausreichen, um die Zellen zu versorgen.

Wenn die Konzentration der freien Schilddrüsenhormone im Blut diese Werte übersteigt, ist es wahrscheinlich, dass der Patient an einer Überfunktion der Schilddrüse leidet. Liegen die Konzentrationen des freien T3 und T4 darunter, ist von einer Unterfunktion der Schilddrüse auszugehen.

Allerdings muss der behandelnde Arzt aufpassen: Schilddrüsenkrankheiten – insbesondere im Anfangsstadium – gehen manchmal noch nicht mit veränderten Hormonkonzentrationen im Blut einher. Schließlich versucht die Schilddrüse beispielsweise mit ihrer Vergrößerung, Defizite im Hormonhaushalt auszugleichen. Dies gelingt eine Zeit lang durchaus. Die Erschöpfung von Schilddrüsengewebe, zum Beispiel durch Knoten- oder Zystenbildung, zieht anfangs auch noch keine veränderten Hormonwerte nach sich.

Ein Kropf lässt sich nicht durch die Bestimmung von Schilddrüsenhormonen im Blut erkennen.

Messung der Träger- und Transporteiweiße

Über die Transporteiweiße für T3 und T4 haben Sie eben bereits etwas erfahren. Durch manche Medikamente, aber auch durch bestimmte Krankheiten kann sich die Menge dieser Transporteiweiße im Blut erhöhen. Auch die Menge der Schilddrüsenhormone im Blut kann dadurch gesteigert oder gesenkt werden, obwohl keine Über- oder Unterfunktion der Schilddrüse vorliegt. Deshalb wird manchmal auch die Konzentration dieses Transporteiweißes TBG (= Thyroxin bindendes Globulin) gemessen.

Das Thyreoglobulin, ein Eiweiß, das in den Follikeln der Schilddrüse die Hormone T3 und T4 speichert, dürfte Ihnen noch ein Begriff sein. Auch Thyreoglobulin ist in einer geringen Konzentration im Blut vorhanden. Ist dieser Wert erhöht, deutet dies darauf hin, dass Schilddrüsengewebe durch eine Krankheit zerstört wurde. Dies ist jedoch kein spezifischer Hinweis auf einen Schilddrüsenkrebs. Nach einer Krebsoperation, bei der die gesamte Schilddrüse entfernt wurde, wird jedoch immer nach Thyreoglobulin im Blut gemessen, um festzustellen, ob sich noch Schilddrüsengewebe im Körper befindet, das Krebszellen enthalten kann.

Auch Transport- und Trägereiweiße für die Schilddrüsenhormone können Aufschluss über Krankheiten der Schilddrüse geben.

Die Antikörper und andere Stoffe

Bei der Basedow'schen Krankheit und der Hashimoto-Thyreoiditis bilden sich Autoantikörper. Nach diesen Autoantikörpern wird im Blut gefahndet, wenn ein Verdacht auf eine dieser beiden Krankheiten besteht.

Liegt ein C-Zell-Karzinom vor, also Krebs der C-Zellen in der Schilddrüse, ist im Blut eine größere Menge des von den C-Zellen produzierten Hormons Calcitonin zu finden. Außerdem wird häufig noch ein weiterer Stoff, karcinoembryonales Antigen (CEA), gemessen, das bei C-Zell-Karzinom oft ebenfalls erhöht ist.

Bei Verdacht auf ein C-Zell-Karzinom sucht der Arzt im Blut nach dem Hormon Calcitonin, das bei Krebs in größeren Mengen als normal hergestellt wird.

Welche Aufschlüsse gibt die Ultraschalluntersuchung?

Sonographie **Die Ultraschalluntersuchung, mit dem Fachwort als Sonographie bezeichnet, spielt eine große Rolle bei der Diagnose von Schilddrüsenkrankheiten. Mit ihr können veränderte Gewebestrukturen in der Schilddrüse entdeckt werden.**

Mit Hilfe des Ultraschalls ist ein schmerzfreier Blick ins Innere des Körpers möglich.

Mit Ultraschall können Knoten und Zysten der Schilddrüse aufgespürt werden. Beim Ultraschall werden für den Menschen unhörbare Schallwellen auf das Gewebe gerichtet, das diese Schallwellen je nach seiner Zusammensetzung verschiedenartig reflektiert. Die reflektierten Wellen werden von einem Computer zu einem Bild zusammengesetzt, das auf einem Monitor betrachtet werden kann. Angst brauchen Sie vor einer Ultraschalluntersuchung der Schilddrüse nicht zu haben. Die Sonographie ist vollkommen schmerzlos und für den Organismus ungefährlich.

Die Bilder, die der Ultraschall zeigt

Mit Ultraschall kann unter anderem festgestellt werden, ob die Schilddrüse normal groß ist oder ob eine Vergrößerung der Schilddrüse vorliegt. Sind keine anderen Befunde erkennbar, zeigt das Ultraschallbild das zwar etwas grobkörnige, aber doch gleichmäßig aussehende, normal durchblutete Schilddrüsengewebe. Befinden sich Knoten in der Schilddrüse - egal welcher Art -, wird dies durch eine umschriebene Änderung des

Musters des Ultraschallbilds deutlich. Entweder werden die Ultraschallwellen an diesen Stellen besonders stark oder besonders gering reflektiert. Eine mit Flüssigkeit gefüllte Zyste schluckt den Schall der Ultraschallwellen und ist als dunkler Fleck auf dem Monitor zu erkennen.

Wenn nicht nur scharf umgrenzte Knoten, sondern größere Bezirke des Schilddrüsengewebes den Schall weniger stark reflektieren als normal und eine vermehrte Durchblutung festgestellt wird, kann dies auf die Basedow'sche Krankheit oder die Hashimoto-Thyreoiditis hindeuten.

Genau feststellen, ob ein Knoten gut- oder bösartig ist, lässt sich leider mit der Sonographie nicht. Eine Gewebeprobe, mit der dies erkannt werden kann, wird jedoch auch mit Hilfe von Ultraschall entnommen.

Auf der Abbildung ist zu sehen, wie die Ultraschallwellen vom Schilddrüsengewebe zurückgeworfen werden. Bei geringer Reflexion liegt ein Knoten vor, ebenso bei starker Reflexion. Wirft das gesamte Gewebe den Schall in verringerter Stärke zurück, kann der Grund dafür eine Autoimmunkrankheit sein.

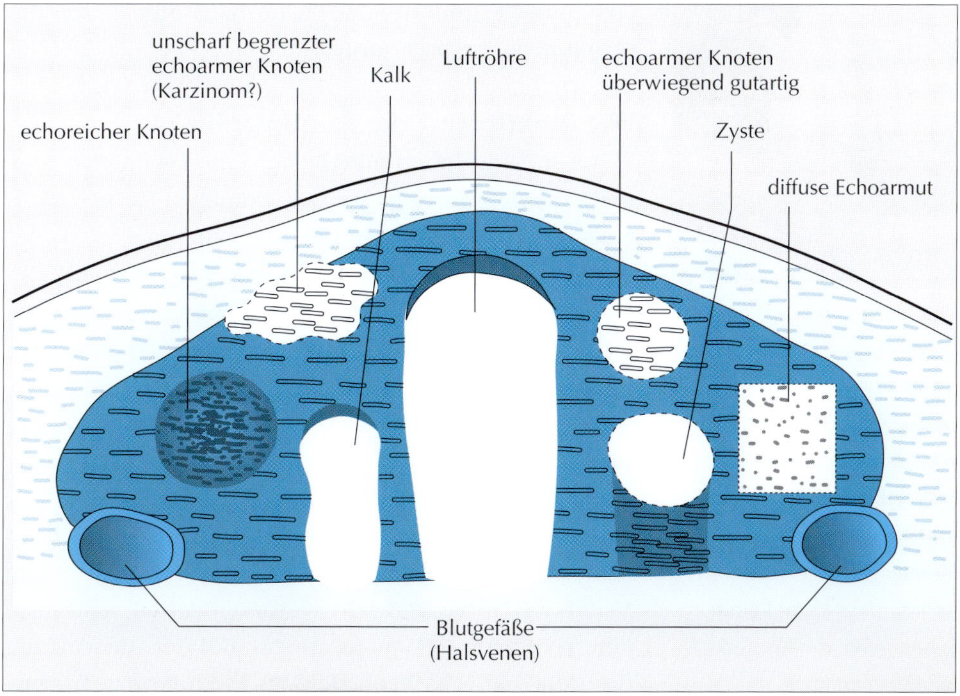

Wichtiges Diagnoseinstrument Szintigraphie

Szintigraphie

Mit der Szintigraphie wird die Funktion des Schilddrüsengewebes überprüft. Durch die Szintigraphie kann sichtbar gemacht werden, ob Knoten in der Schilddrüse vermehrt arbeiten oder ob Zellbezirke ihre Funktion eingestellt haben.

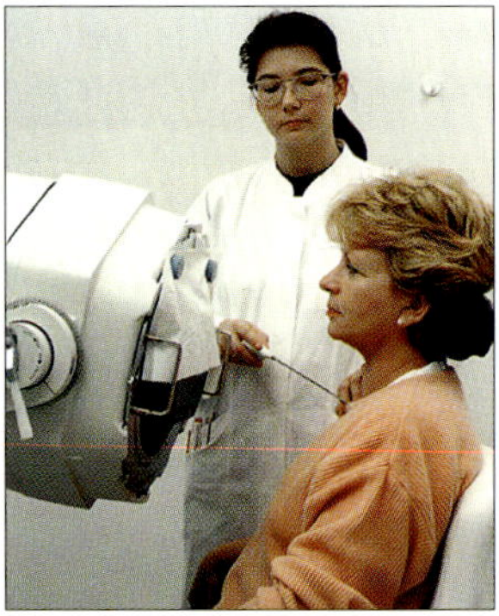

Bitte fürchten Sie sich nicht vor der radioaktiven Strahlung, der sie bei der Szintigraphie ausgesetzt sind. Die Strahlungsmenge ist so gering, dass es zu keiner Schädigung von Körperzellen kommen kann.

Zudem kann mit der Szintigraphie Schilddrüsengewebe im ganzen Körper aufgespürt werden. Dies macht man sich zum Beispiel bei der Suche nach Metastasen des Schilddrüsenkrebses zunutze.

Wie funktioniert die Szintigraphie?

Wenn Ihr Arzt Ihnen mitteilt, bei Ihnen solle eine Szintigraphie durchgeführt werden, brauchen Sie sich nicht zu fürchten. Diese Form der Untersuchung ist weder schmerzhaft noch gefährlich. Dem Patienten wird entweder eine winzig kleine Menge eines radioaktiven Jodisotops, dem 123-Jod, oder radioaktiven Technetiums injiziert. Sie wissen ja, dass die Schilddrüsenzellen versuchen, noch kleinste Mengen Jod einzufangen – dasselbe machen sie mit Technetium, das sie wegen seiner ähnlichen atomaren Struktur für Jod halten.

Durch die Strahlung der radioaktiven Stoffe kann das funktionstüchtige Schilddrüsengewebe auf einem Monitor sichtbar gemacht werden. Benutzt wird dazu eine so genannte Gammakamera. Bei der Auswertung des Bildes zeigt sich, ob sich das Jod oder das Techne-

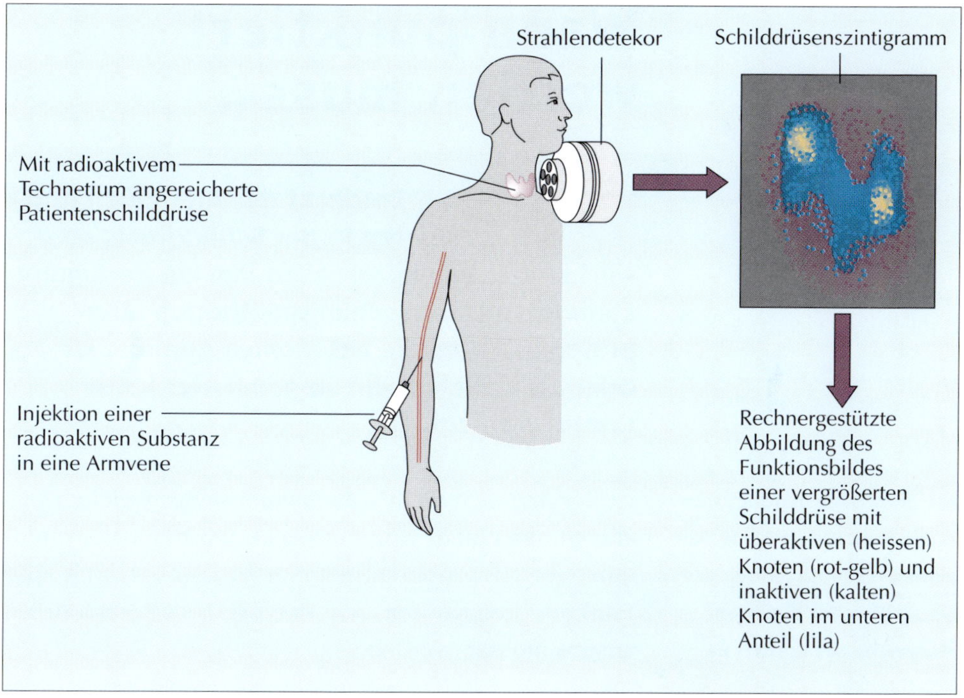

Die Abbildung zeigt schematisch, wie eine Szintigraphie abläuft.

tium gleichmäßig in der Schilddrüse anreichert oder ob es Areale in der Schilddrüse gibt, die gieriger oder vielleicht überhaupt nicht den radioaktiven Stoff aufgenommen haben. So können sowohl autonome („heiße“) Knoten als auch funktionsuntüchtige („kalte“) Bezirke festgestellt werden.

Mit einem Suppressions-Szintigramm können bereits autonome Adenome erkannt werden, die sich noch nicht durch starke Aktivität hervortun. Der Patient erhält kurzfristig Schilddrüsenhormontabletten, mit denen die Produktion des Hormons TSH unterdrückt wird. Bei der folgenden Szintigraphie zeigen von der Regulation durch TSH unabhängige autonome Knoten bereits im Anfangsstadium eine höhere Aktivität als das unterdrückte gesunde Gewebe.

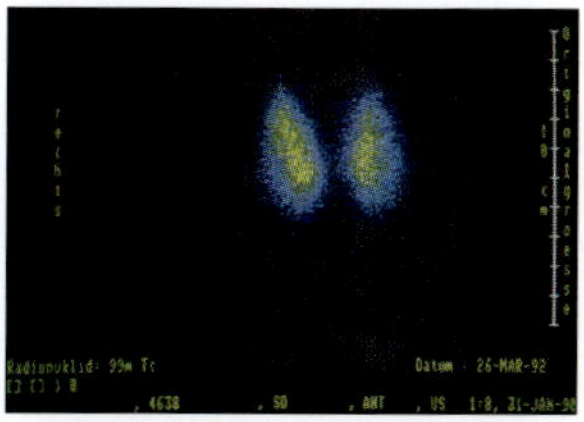

Wann punktiert werden muss ...

Punktion

Entdeckt der Arzt einen Knoten in der Schilddrüse, so wird er erst einmal mit allen ihm zur Verfügung stehenden Untersuchungsmethoden überprüfen, ob dies ein autonomes Adenom ist oder ob vielleicht ein so genannter kalter Knoten vorliegt.

Wie Sie wissen, sind Knoten in der Schilddrüse keine Seltenheit. Es muss jedoch genau überprüft werden, um welche Art Knoten es sich handelt.

Ist der Arzt sich nicht vollkommen sicher, welche Ursache hinter einem Knoten steckt, wird er dazu raten, eine Gewebeprobe entnehmen zu lassen. Durch eine Punktion des Knotens soll der Krebs der Schilddrüse ausgeschlossen werden.

Haben Sie bitte keine Angst vor der Punktion!

Vielen Menschen ist der Gedanke an eine Punktion eines Schilddrüsenknotens sehr unangenehm. Man denkt daran, dass der Arzt mit einer Hohlnadel in den Hals sticht und stellt sich diese Untersuchung äußerst schmerzhaft vor.

Doch Sie können es glauben: Die Beschreibung einer solchen Punktion hört sich viel schlimmer an, als sie in Wirklichkeit ist.

Erst einmal ist die Nadel sehr dünn – der Patient bemerkt den Einstich deshalb fast gar nicht. Und zweitens ist dieser winzige Eingriff sehr schnell überstanden. Auch bei einer Stanzbiopsie mit einer etwas dickeren Nadel bekommt der Patient von diesem Eingriff kaum etwas mit.

Das Schlimmste an einer Biopsie ist wahrscheinlich die in der Regel große Nervosität des Patienten vor dem eigentlichen Eingriff.

Der bei der Punktion empfundene Schmerz ist vergleichbar mit dem bei einer Blutentnahme aus einer Armvene. Komplikationen, zum Beispiel eine Blutung, Infektion, Verletzung anderer Organstrukturen, kommen extrem selten vor.

Bei der Feinnadelpunktion entnimmt der Arzt mit einer äußerst feinen Nadel eine Gewebeprobe aus der Schilddrüse.

Die Gewebeprobe, ihre Entnahme und die Gewebeuntersuchung

Wie bereits erwähnt, benutzt der Arzt eine äußerst dünne Hohlnadel, sticht damit in die Schilddrüse und entnimmt eine winzige Gewebeprobe aus dem verdächtigen Knoten.

Der gesamte Eingriff wird durch Ultraschall überwacht, damit der Arzt genau erkennen kann, welche Stelle der Schilddrüse er trifft. Auch wenn dieser Eingriff noch so geringfügig ist: Der Patient sollte sich den Rest des Tages Ruhe gönnen!

Anschließend werden die Zellen der Gewebeprobe im Labor unter dem Mikroskop untersucht. Wie Sie bereits wissen, wird nur in etwa drei Prozent aller Fälle mit „kalten" Knoten ein Schilddrüsenkarzinom festgestellt. Die meisten Knoten haben andere Ursachen, zum Beispiel harmlose Erschöpfungsareale wie Zysten, Kalkherde und anderes.

Machen Sie sich daher nicht zu viele Sorgen, bevor das Ergebnis der Gewebeuntersuchung vorliegt – die Wahrscheinlichkeit, dass Krebs bei Ihnen entdeckt wird, ist außerordentlich gering.

Sollten tatsächlich verdächtige Zellen gefunden werden, denken Sie bitte daran, dass Schilddrüsenkrebs zu den harmlosen Krebsformen gehört und dass diese Krankheit gute Chancen auf Heilung hat!

Auch Röntgenverfahren werden eingesetzt

Röntgenuntersuchung

Die einfache Röntgenuntersuchung ist ein weiteres Diagnoseinstrument des Arztes bei Schilddrüsenkrankheiten. Auch die Röntgencomputertomographie und die Kernspintomographie werden eingesetzt.

Vor allem zur Abklärung möglicher Auswirkungen eines Kropfes werden Röntgenverfahren eingesetzt, aber auch zur Feststellung von Karzinomen oder Augenproblemen bei der Basedow'schen Krankheit.

Was das normale Röntgenbild aussagt

Mit einem herkömmlichen Röntgenverfahren kann man zwar das Innenleben der Schilddrüse nicht abbilden, aber es ist dennoch in vielen Fällen recht aussagekräftig. Beispielsweise kann mit der Röntgenuntersuchung festgestellt werden, ob Luft- und/oder Speiseröhre durch eine vergrößerte Schilddrüse, einen Kropf, eingeengt werden. Das kommt nicht selten vor – oft wird ein Kropf nur entdeckt, weil Schluck- oder Atembeschwerden vorliegen.

Verengungen von Luft- und Speiseröhre können mit dem Röntgenbild leicht festgestellt werden.

Außerdem kann auf dem Röntgenbild erkannt werden, ob der Kropf bereits bis in den Brustraum hineinwächst. Auch diese Form der Ausbreitung des Kropfes ist durchaus nicht selten. Die Lage des Kropfes auf dem Röntgenbild gibt Aufschluss darüber, wie die Schilddrüsenvergrößerung weiterbehandelt wird.

Die Computertomographie – Schichtaufnahme des Körpers

Mit der Computertomographie, bei der die Röntgenstrahlen kreisförmig um den Körper geleitet werden, können dünne Gewebsschichten einzelner Organe abgebildet werden.

Die Medizin macht sich das zunutze, um in bestimmten Situationen Schilddrüsenkarzinome zu erkennen und deren genaue Lage zu orten. Außerdem kann natürlich sowohl die Größe der Schilddrüse als auch die exakte Lage einer vergrößerten Schilddrüse mit Hilfe der Computertomographie festgestellt werden.

Sehr interessant ist auch, dass durch diese Form des Röntgenverfahrens die Augen bei der Basedow'schen Krankheit genau untersucht werden können und sichergestellt werden kann, dass keine andere Ursache für das Hervortreten der Augen vorliegt.

Röntgenverfahren sollten bei Schwangeren nur im absoluten Notfall eingesetzt werden. Als Routineuntersuchung kommen sie während der Schwangerschaft nicht in Frage.

Die Kernspintomographie fertigt - ähnlich wie die Computertomographie - Bilder einzelner Gewebsschichten an. Allerdings arbeitet die Kernspintomographie nicht mit Röntgenstrahlen, sondern mit einem starken Magnetfeld.

Mit Hilfe dieses bildgebenden Verfahrens können unter anderem Krebsmetastasen gut aufgespürt werden. Die Kernspintomographie wird auch zur Beurteilung der Dicke und Entzündungsaktivität der äußeren Augenmuskeln bei der Basedow'schen Krankheit eingesetzt.

Sowohl für die Durchführung der Computertomographie als auch für die der Kernspintomographie werden spezielle Geräte benötigt. Diese Untersuchungen erfordern daher häufig den Besuch in einer Spezialpraxis. Zudem ist das Verfahren der Kernspintomographie mit hohen Kosten verbunden, weshalb es leider nur in besonders begründeten Fällen angewendet wird.

Wie der Kropf zum Verschwinden gebracht wird

Kropfbehandlung

Es gibt verschiedene Möglichkeiten, eine vergrößerte Schilddrüse zu behandeln. Die Therapie richtet sich danach, ob die Schilddrüse noch knotenfrei ist oder ob sich im Kropf bereits Knoten gebildet haben.

Der Arzt entscheidet, welche Therapie bei einem Kropf in Frage kommt. Zu den Entscheidungskriterien gehören Größe und Alter des Kropfes.

Eine Therapie mit Medikamenten bietet sich an, wenn sich noch keine Knoten in der vergrößerten Schilddrüse befinden. Eine Operation kommt infrage, wenn der Kropf Luft- und/oder Speiseröhre einengt oder wenn Knoten vorliegen. Handelt es sich bei den Knoten jedoch um autonome Adenome, kommt eine Behandlung mit radioaktivem Jod, dem sogenannten Radiojod infrage – doch dazu mehr bei der Behandlung der Schilddrüsenautonomie.

Kann ein Kropf mit Jod behandelt werden?

Es kommt meist infolge von Jodmangel zu einer Vergrößerung der Schilddrüse. Schließlich versucht das Schilddrüsengewebe, den Jodmangel durch eine Vermehrung seiner hormonproduzierenden Zellen auszugleichen. Prinzipiell müsste ein Kropf daher auch mit Jod zu behandeln sein.

Und tatsächlich: Die Zufuhr von Jod kann dazu beitragen, einen Kropf zumindest zum Teil zum Verschwinden zu bringen. Der Arzt muss vor einer Behandlung des Kropfes mit Jod feststellen, ob in der Schilddrüse Knoten oder eine Überfunktion der Schilddrüse vorliegen. Bei autonomen Adenomen ist die Therapie mit Jod grundfalsch, weil Jod die autonomen Areale zur Produktion von Schilddrüsenhormonen anregt und eine Hyperthyreose die Folge sein kann.

Außerdem ist eine Behandlung mit Jodpräparaten auch dann nicht sinnvoll, wenn der Kropf schon so groß ist, dass er anderen Organen im Hals- und Brustraum den Platz wegnimmt.

Es gibt zudem eine Faustformel für die Behandlung mit Jod: Wer älter als 35–40 Jahre ist, für den ist die Therapie mit Jod alleine zumeist nicht mehr sinnvoll.

In einigen Fällen kann ein Kropf allein mit Jodid-Tabletten verhindert bzw. behandelt werden. Jedoch kann nur der Arzt entscheiden, wann dies der Fall ist.

Die Wirkung von Jod

Zur Vorbeugung einer Kropfbildung und bei geringer Schilddrüsenvergrößerung verschreibt der Arzt dem Patienten Jod in Form von Jodid-Tabletten, die im Übrigen auch rezeptfrei in der Apotheke erhältlich sind. Vor Nebenwirkungen brauchen Sie sich nicht zu fürchten (selbst wenn Sie unter einer Jodallergie leiden), denn die Tabletten enthalten nichts anderes als das Element Jod, das auch in der Natur vorkommt und daher in der Nahrung enthalten ist. Ungefähr 200 Mikrogramm/Tag sollten Sie einnehmen, wenn Sie bereits eine leicht vergrößerte Schilddrüse haben.

Die Schilddrüsenzellen haben es nun nicht länger nötig, sich zu vermehren, um das in der Nahrung knappe Jod besser verwerten zu können. Der Kropf wird sich daher nicht weiter vergrößern. Meist geht die Vergrößerung der Schilddrüse sogar zurück. Denn eine Reihe von Zellen werden nun nicht länger benötigt. Auch Kinder und Schwangere können völlig gefahrlos Jodid-Präparate einnehmen – Schwangeren, die das ungeborene Kind mitversorgen, wird es sogar von den zuständigen wissenschaftlichen Gremien empfohlen.

Synthetisch hergestellte Schilddrüsenhormone

Der menschliche Organismus unterscheidet nicht zwischen synthetischen und vom Körper produzierten Schilddrüsenhormonen. Deshalb kann der Bedarf der Körperzellen auch mit synthetischem T3 und T4 gedeckt werden. Dies macht sich der Arzt bei der Behandlung eines - noch knotenfreien - Kropfes oft zunutze.

Das synthetisch hergestellte Schilddrüsenhormon Levothyroxin hat die gleichen Eigenschaften wie das körpereigene Hormon T4. Es wird im Körper in das zellaktive T3 umgewandelt.

Dem Patienten werden exakt so viel Schilddrüsenhormone verabreicht, daß die Körperzellen zufriedengestellt sind. Dadurch ergeht an die Hirnanhangdrüse die Meldung, dass sie kaum noch TSH ausschütten muss, um die Hormonproduktion anzukurbeln - die Produktion von T3 und T4 durch die Schilddrüsenzellen wird gedrosselt. Es wird einerseits erreicht, dass sich der Kropf nicht mehr weiter vergrößert. Die Schilddrüse ist nun nicht mehr dazu gezwungen, neue Zellen zu bilden, um ausreichende Mengen T3 und T4 herzustellen. Andererseits stellen eine Reihe von neu gebildeten Zellarealen ihre Funktion wieder ein. Die Folge dieser Behandlung: Der Kropf schwindet - seine Größe bildet sich meistens zurück.

Das synthetisch hergestellte Hormon Levothyroxin muss etwa ein Jahr lang regelmäßig eingenommen werden, um einen Erfolg zu erzielen. Anschließend erhält der Patient Jodid-Tabletten, damit nicht wieder eine Unterversorgung mit Jod den Kropf erneut zum Wachsen bringt. Häufig werden Levothyroxin und Jodid gemeinsam verabreicht, um den Kropf zu behandeln. Die drei Behandlungsverfahren (Jod, Levothyroxin und die Kombination von Jod und Schilddrüsenhormonen) sind - zumindest bei jüngeren Patienten - in etwa gleich gut wirksam. Welche Behandlung bei Ihnen in Frage kommt, sollte der behandelnde Arzt oder der Schilddrüsenspezialist entscheiden.

Leider muss oft operiert werden

Eine Kropfoperation ist nicht zu vermeiden, wenn sich zum Beispiel mehrere Knoten in der vergrößerten Schilddrüse befinden oder wenn der Kropf die Luft- und/oder Speiseröhre einengt. Falls Ihr Arzt Ihnen mitteilt, eine Operation sei unausweichlich, lassen Sie sich von ihm die Gründe genau darlegen. Aber keine Angst – eine Operation an der Schilddrüse gehört zu den Routineeingriffen der modernen Medizin.

Der Hals wird unter Vollnarkose durch den so genannten Kragenschnitt eröffnet. Die Narbe wird später einerseits von den Hautfalten am Hals, andererseits durch den Kragen von Kleidungsstücken weitgehend verborgen. Bei der Operation entfernt der Chirurg entweder nur den knotigen Teil der Schilddrüse oder fast die gesamte Drüse – das hängt von Größe und Lage des Kropfs sowie von Ausbreitung und Beschaffenheit der Knoten ab. Während des Eingriffs wird das Gewebe der Knoten auf Krebs untersucht. Falls ein Karzinom festgestellt wird, wird die Schilddrüse total entfernt, um sicherzustellen, dass der Krebs wirklich vollständig ausgeräumt wird. Schließlich ist es sinnvoller, die Schilddrüse zu entfernen, als das Risiko einzugehen, dass sich Metastasen bilden.

Wird bei einer Kropfoperation ein Großteil oder die gesamte Schilddrüse entfernt, müssen zeitlebens synthetisch hergestellte Schilddrüsenhormone eingenommen werden.

Natürlich existieren bei der Kropfoperation auch Risiken. Beispielsweise kann es passieren, dass die Stimmbandnerven in Mitleidenschaft gezogen werden. Doch das kommt äußerst selten vor. In der Regel ist nur ein Nerv betroffen, so dass der andere Nerv die Funktion des geschädigten Nervs übernehmen kann. Werden die Nebenschilddrüsen unbeabsichtigt mit entfernt, die das Parathormon bilden, das den Kalziumspiegel im Blut in engen Grenzen hält, kann es zu einem Kalziummangel kommen, der medikamentös ausgeglichen werden muss (siehe auch S. 93).

Keine Angst vor Hormonersatz bei Hypothyreose!

Hormonersatz

Wie Sie auf den vorhergehenden Seiten bereits erfahren haben, ist es notwendig, synthetisch hergestelltes Schilddrüsenhormon einzunehmen, wenn die Schilddrüse ihre Funktion nicht mehr vollständig wahrnehmen kann.

Schließlich kommt es sonst zu den unangenehmen Symptomen einer Schilddrüsenunterfunktion, der Hypothyreose. Die Zufuhr von Levothyroxin, dem synthetischen Schilddrüsenhormon, über einen längeren Zeitraum oder zeitlebens wird als Hormonersatz oder Hormonsubstitution bezeichnet.

Was ist Levothyroxin?

Das synthetisch hergestellte Levothyroxin entspricht dem Schilddrüsenhormon T4. Im Körper wandelt es sich in T3 um, das von den Körperzellen verwendet wird, um den Stoffwechsel zu bewerkstelligen.

Nebenwirkungen hat Levothyroxin nicht – schließlich gleicht es nur das Defizit eines vom Körper normalerweise hergestellten Stoffs aus, der bei normaler Schilddrüsenfunktion ebenfalls keine unangenehmen Begleiterscheinungen hervorruft, sondern lebensnotwendig ist. Deshalb brauchen Sie auch keine Angst zu haben, wenn Ihr Arzt Ihnen mitteilt, dass Sie das Präparat zeitlebens einnehmen müssen – selbst für Schwangere ist es unschädlich.

Dem Körper ist es egal, ob ihm seine Schilddrüsenhormone als Tabletten zugeführt werden oder ob die Schilddrüse sie selbst herstellt. Hauptsache, er bekommt genug davon!

Die Einnahme von Levothyroxin

Besteht eine Hypothyreose bereits über einen längeren Zeitraum, hat sich der Körper auf die geringe Zufuhr von Schilddrüsenhormonen eingestellt. Aus diesem Grund wäre es nicht gut, wenn Levothyroxin sofort in der eigentlich notwendigen Dosis verabreicht würde. Dann würden sich nämlich zunächst Beschwerden einstellen, die denen bei einer Schilddrüsenüberfunktion ähneln: Es kommt unter anderem zu Herzrasen.

Zunächst muss eine wesentlich niedrigere Dosis als die Enddosis gewählt werden – Ihr Arzt wird die Dosierung mit Ihrer Hilfe genau abstimmen. Sie müssen ihm in jedem Fall mitteilen, wenn Sie ungewöhnliche Beschwerden verspüren. Möglicherweise wird er Ihnen aber auch mitteilen, dass gewisse Beschwerden zu Beginn der Behandlung vollkommen normal sind und sich diese rasch zurückbilden. Wichtig ist jedoch: Sie dürfen das Levothyroxin nicht eigenmächtig absetzen oder die Dosis von sich aus verringern! Schließlich wollen Sie nicht, dass die Schilddrüsenunterfunktion mit all ihren unangenehmen und vor allem gefährlichen Begleiterscheinungen zurückkehrt!

Möglicherweise dauert es eine Zeit lang, bis es Ihnen durch die Einnahme von Levothyroxin besser geht. Setzen Sie das Präparat jedoch in keinem Fall ab!

Eine gute Nachricht gibt es noch für diejenigen, die ihrer Hypothyreose mit Hilfe von Levothyroxin zu Leibe rücken: Viele der überflüssigen Pfunde, die sich während der Zeit der Schilddrüsenunterfunktion angesammelt haben, schwinden dahin! Doch als Schlankheitsmittel darf Levothyroxin nie dienen: Wird es nämlich von Gesunden eingenommen, mit der Absicht, einige Kilo zu verlieren, entwickelt sich nach kurzer Zeit eine künstliche Schilddrüsenüberfunktion mit allen Beschwerden. Sie können sich vorstellen, dass das nicht im Sinne des Erfinders des synthetischen Hormons ist. Schließlich ist ein Zuviel an Schilddrüsenhormonen nicht ungefährlich!

Die Behandlung der Schilddrüsen-autonomie

Schilddrüsen-autonomie

Autonome Zellareale in der Schilddrüse sollten möglichst rasch behandelt werden. Schließlich kommt es über kurz oder lang zu einer Schilddrüsen-überfunktion.

Mit Medikamenten allein ist bei einer Schilddrüsen-autonomie nicht viel auszurichten. Sicherlich kann für einige Zeit durch Behandlung mit so genannten Schild-drüsenblockern (Thyreostatika) die Produktion der Schilddrüsenhormone gehemmt werden, damit die Symptome der Überfunktion zurückgehen. Ausreichend ist diese Behandlung jedoch nicht. Denn nach Absetzen der Präparate zeigt sich die Hyperthyreose rasch wieder.

Keine Angst vor der Radiojod-Therapie!

Eine sehr wirkungsvolle Behandlung von autonomen Knoten in der Schilddrüse stellt die so genannte Radio-jod-Behandlung dar. Dem Körper wird dabei radioaktives Jod zugeführt, das die autonomen Knoten der Schilddrüse zerstört.

Die Radiojod-Therapie erzielt hervorragende Wirkungen in der Behandlung autonomer Adenome, ohne andere Körperzellen zu schädigen.

Bitte lehnen Sie diese Behandlung nicht von vornherein ab, weil Sie Angst vor radioaktiver Strahlung haben. Die Radioaktivitätsmenge, die dem Körper zugeführt wird, zerstört lediglich die autonomen Adenome. Alle anderen Zellen des Körpers, die kein Jod zu speichern vermögen, werden jedoch keiner Strahlenexposition ausgesetzt. Während einer Schwangerschaft kommt diese Therapie jedoch nicht in Betracht.

Funktionsweise der Radiojod-Therapie

Die Radiojod-Therapie macht sich zunutze, dass die Schilddrüsenzellen die einzigen Zellen des Körpers sind, die das Element Jod verwerten. Sie nehmen selbst noch die kleinsten Mengen zugeführten Jods auf. Wie Sie wissen, greifen autonome Schilddrüsenzellen besonders gierig zu, wenn dem Körper Jod zugeführt wird. Auch vor Radiojod machen sie nicht Halt, denn die Zellen verfügen nicht über die Fähigkeit, zwischen „normalem" und künstlich radioaktiv gemachtem Jod zu unterscheiden.

Der Patient erhält eine genau für ihn individuell ermittelte Menge radioaktiven Jods. Das Radiojod wird entweder in Wasser gelöst oder in Form einer Kapsel verabreicht.

Nachdem das Radiojod in den Darm gelangt ist, wird es über die Blutbahn zur Schilddrüse transportiert. Dort fangen die autonomen Zellen das radioaktive Jod auf. Es kann – direkt vor Ort – seine zerstörerische und damit heilende Wirkung entfalten. Die geringe Menge Radiojod, die nicht von den autonomen Zellen aufgenommen wird, wird vom Körper rasch und vollständig mit dem Urin ausgeschieden.

Jetzt fragen Sie sich bestimmt, was mit den gesunden Schilddrüsenzellen ist. Normalerweise würden ja auch sie das radioaktive Jod aufnehmen und zerstört werden. Meistens nehmen bei ausgeprägten Autonomien die gesunden Schilddrüsenzellen jedoch nur sehr wenig oder gar kein Jod mehr auf. Falls doch, wird vor der Therapie durch Einnahme von synthetischen Schilddrüsenhormonen die Jodaufnahme der gesunden Zellen künstlich unterdrückt.

Die gesunden Schilddrüsenzellen werden bei der Radiojod-Therapie nicht geschädigt, da ihre Hormonproduktion und damit auch ihr Bedarf nach Jod infolge der Autonomie eingeschränkt werden.

Die Ermittlung der Radiojoddosis

Die optimale Dosis radioaktives Jod wird für jeden Patienten individuell ermittelt.

Vor der Radiojod-Therapie muss der so genannte Radiojod-Test durchgeführt werden, um die für den Patienten individuell erforderliche Radioaktivitätsmenge zu ermitteln. Schließlich soll sie groß genug sein, damit das autonome Adenom zerstört wird. Zudem soll dem übrigen Körper aber so wenig radioaktive Strahlung wie möglich zugemutet werden.

Vor der Behandlung wird dem Organismus daher eine winzige Menge Radiojod zugeführt. Mit Hilfe einer Kamera oder Sonde wird anschließend gemessen, wie viel Radiojod von den Zellen aufgenommen und verarbeitet wird. Anhand dieses Tests kann für jeden Patienten die optimale Dosis herausgefunden werden.

Ein wenig Quarantäne muss in Deutschland sein

Wahrscheinlich gilt die Radiojod-Behandlung in Deutschland deshalb als gefährlich, weil die Patienten nach der Einnahme des radioaktiven Jods zwischen zwei Tagen und zwei Wochen auf einer nuklearmedizinischen Station unter Quarantänebestimmungen verbringen müssen. Dies verlangen die Strahlenschutzbestimmungen in Deutschland. Der Urin muss in eine Spezialtoilette entleert werden, da in ihm radioaktive Spuren zu finden sind. Der Patient darf während dieser Zeit keinen Besuch empfangen. In anderen europäischen Ländern und den USA existiert diese Form der Quarantäne nach einer Radiojod-Therapie nicht. Dort gelten die deutschen Bestimmungen als überzogen.

Muß ein autonomes Adenom während einer Schwangerschaft behandelt werden, ist die Operation die Behandlung der Wahl.

Die Strahlenexposition für Menschen, die mit dem Behandelten nach der Quarantäne in Kontakt treten, ist zwar praktisch zu vernachlässigen. Dennoch sollten vor allem Schwangere und Kinder nicht in Körperkontakt mit dem Patienten treten, um auch nur rein theoretische Gefahren in jedem Fall auszuschließen.

Hypothyreose als Behandlungsfolge

Es wird zwar darauf geachtet, die gesunden Schilddrüsenzellen vor Radiojod weitgehend zu schützen. Doch ganz gelingt dies nicht in jedem Fall. Daher kann es bei einigen Patienten nach der Zerstörung des autonomen Adenoms zu einer bewusst in Kauf genommenen Unterfunktion der Schilddrüse kommen. Diese Hypothyreose lässt sich allerdings leichter beheben als eine Schilddrüsenüberfunktion: Der Patient muß zeitlebens synthetisch hergestellte Schilddrüsenhormone einnehmen.

Welche Behandlungsmöglichkeiten gibt es bei Schilddrüsenautonomie noch?

Selbstverständlich kann ein autonomes Adenom auch operativ entfernt werden. Dies wird in der Regel empfohlen, wenn der Kropf, der die autonomen Knoten enthält, sehr groß ist und Atem- oder Schluckbeschwerden hervorruft.

Im Vergleich zur Radiojod-Therapie ist die Operation risikoreicher. Außerdem erholt sich der Patient langsamer davon. Für ältere Patienten mit Schilddrüsenautonomie bietet sich daher in jedem Fall die Radiojod-Behandlung als Therapie der ersten Wahl an.

Als dritte Behandlungsmöglichkeit steht noch die Verödung von autonomen Knoten mit Hilfe von hochprozentigem Alkohol zur Verfügung. In das klar umgrenzte Adenom wird mit einer Hohlnadel Alkohol gespritzt, so dass die übereifrigen Zellen absterben. Überprüft wird die Treffsicherheit des Arztes mit Hilfe von Ultraschall. Die Behandlung muss allerdings mehrfach wiederholt werden, bevor sie Wirkung zeigt.

Autonome Adenome können außerdem mit Alkohol, der direkt in den Knoten injiziert wird, verödet werden. Allerdings liegen bislang nicht sehr viele Erfahrungen vor.

Die Verödung durch Alkohol kann jedoch nur bei klar vom umliegenden Gewebe abgegrenzten Knoten eingesetzt werden. Sonst ist es nicht möglich, alle veränderten Zellen zu zerstören.

Hilfe bei der Basedow'schen Krankheit

Basedow'sche Krankheit

Die Basedow'sche Krankheit zeichnet sich wie die Schilddrüsenautonomie durch eine Überfunktion der Schilddrüse aus, weshalb sie mit denselben Methoden behandelt wird.

Die durch Autoimmunprozesse hervorgerufene Basedow'sche Krankheit tritt schicksalhaft auf. Gelegentlich kommt es zu einer spontanen Selbstheilung.

Medikamentöse Behandlung

Medikamente, die so genannten Thyreostatika, stoppen die Herstellung von Schilddrüsenhormonen, indem sie die Aufnahme von Jod und die Synthese der Hormone in den Schilddrüsenzellen drosseln.

Sie können Nebenwirkungen zur Folge haben – selten können die Leber geschädigt und das Blutbild verändert werden. Selten müssen manche Patienten die Medikamente zeitlebens einnehmen, um die Beschwerden auszuschalten. Zusätzlich ist die Gabe von synthetisch hergestellten Schilddrüsenhormonen notwendig, das von den Körperzellen natürlich weiterhin benötigt wird.

Medikamente, die die Schilddrüsenfunktion hemmen, haben im Gegensatz zu künstlich hergestellten Schilddrüsenhormonen Nebenwirkungen.

In der Regel wird eine medikamentöse Therapie bei der Basedow'schen Krankheit über ein Jahr durchgeführt. Kommt es nach Absetzen (= Auslassversuch) dann zu einem Wiederauftreten der Überfunktion – dies ist bei etwa 60 % der Patienten der Fall –, wird eine abschließende Therapie durch Radiojod oder durch eine Operation erforderlich.

Therapie mit Radiojod

Wesentlich sinnvoller als die medikamentöse Therapie ist auch bei der Basedow'schen Krankheit die Behandlung mit Radiojod. Zwar zerstört das Radiojod bei dieser Behandlung unter Umständen auch gesunde Schilddrüsenzellen, da die Basedow'sche Krankheit nicht auf einen begrenzten Herd in der Schilddrüse beschränkt ist. Jedoch ist sie – im Gegensatz zu den Medikamenten – ohne wesentliche Nebenwirkungen. Oft müssen dem Körper nach einer Radiojod-Therapie Schilddrüsenhormone zugeführt werden, um die als Folge der Radiojod-Behandlung bewusst in Kauf genommene Unterfunktion der Schilddrüse auszugleichen.

Entfernung der Schilddrüse

Natürlich kommt bei der Basedow'schen Krankheit auch eine chirurgische Entfernung der Schilddrüse infrage. Meist wird ein winziger Schilddrüsenrest (zwei bis drei Gramm) belassen, so dass der Organismus zumindest noch einen kleinen Teil der Schilddrüsenhormone selbst herstellt. Auch nach der Operation müssen dem Körper die Schilddrüsenhormone als Tabletten zugeführt werden. In jedem Fall sind Radiojod-Therapie oder Operation einer langjährigen medikamentösen Behandlung vorzuziehen. Meist bessern sich durch diese Therapieformen auch die Augenbeschwerden, da nur wenige Autoantikörper vom Körper hergestellt werden.

Gegen die Augensymptome wird häufig Kortison eingesetzt. In manchen Fällen müssen die Augenhöhlen zusätzlich bestrahlt werden. Ist die Sehkraft gefährdet, kommt ein Patient um eine chirurgische Entlastung der Augenhöhle nicht herum.

Da Stress und seelische Belastungen Autoimmunkrankheiten begünstigen, hilft das Erlernen von Entspannungsmethoden, mit Stress besser umzugehen.

Viele Basedow-Kranke werden der Medikamente, die sie ein Leben lang nehmen müssen, nach einiger Zeit überdrüssig und setzen sie ab. Dann melden sich die Krankheitssymptome sofort wieder. Zur definitiven Heilung der Krankheit sind daher die Radiojod-Therapie oder die Schilddrüsenoperation erforderlich.

Was gegen die Hashimoto-Thyreo-iditis getan wird

Hashimoto-Thyreoiditis

Die Hashimoto-Thyreoiditis ist – Sie erinnern sich – eine chronische Schilddrüsenentzündung, die mit dem Untergang von Schilddrüsengewebe einhergehen kann.

Irgendwann im Verlauf dieser Krankheit entwickelt ein Teil der Patienten eine Hypothyreose, die unbedingt behandelt werden muss. Wie Sie ebenfalls wissen, ist diese Krankheit eine Autoimmunkrankheit, deren Ursachen bis heute noch nicht vollständig geklärt sind. Aus diesem Grund ist eine Heilung nicht möglich - es lässt sich also nicht verhindern, dass die Krankheit fortschreitet.

Hilfe durch Levothyroxin

Gegen die eigentliche Krankheit kann man noch nichts unternehmen, wohl aber gegen ihre Folge, die Schilddrüsenunterfunktion, die unbedingt behandelt werden muss.

Erkannt wird die Hashimoto-Thyreoiditis, wenn sich im Blut bestimmte Autoantikörper finden.

Bei der Hashimoto-Thyreoiditis mit bereits eingetretener Unterfunktion wird deshalb immer das synthetische Schilddrüsenhormon Levothyroxin verschrieben, unabhängig davon, wie alt die Patienten sind. Selbst Kleinkinder können Levothyroxin bereits gefahrlos nehmen - bei Hypothyreose müssen sie es sogar, weil es sonst zu schwerwiegenden körperlichen Folgen wie dem Zurückbleiben in der Entwicklung kommt.

Stress unbedingt vermeiden!

Wie Sie wissen, werden Autoimmunkrankheiten oft durch belastende seelische Situationen ausgelöst oder verschlimmert. Aus diesem Grund ist es für Menschen mit einer Autoimmunkrankheit der Schilddrüse sinnvoll, Stress möglichst zu vermeiden. Sicher ist das nicht immer ganz einfach, aber jeder kann lernen, mit belastenden Situationen besser umzugehen. Beispielsweise können Entspannungstechniken wie das autogene Training hilfreich in Stress-Situationen sein. Solche Entspannungsmethoden müssen jedoch unter Anleitung erlernt werden.

Stress trägt auch dazu bei, dass die Autoimmunkrankheit der Schilddrüse voranschreitet.

Wie die Basedow'sche Krankheit ist die Hashimoto-Thyreoiditis erblich. Möglicherweise gelingt es Genforschern in absehbarer Zukunft, solche erblichen Autoimmunkrankheiten durch Veränderungen im Erbgut erfolgreich zu behandeln.

Doch solange das noch Zukunftsmusik ist, sollten Sie alle Behandlungsmöglichkeiten wahrnehmen. Keinesfalls sollten Sie das Levothyroxin absetzen! Ihr Körper ist darauf angewiesen!

Helga P., 37 Jahre, setzte Levothyroxin kurzzeitig ab:

Frau P. litt schon seit mehreren Jahren unter einer Hashimoto-Thyreoiditis, bis sie erkannt wurde. Zu diesem Zeitpunkt mehrten sich bei ihr bereits die Anzeichen einer Hypothyreose. Ihr Arzt verschrieb ihr Levothyroxin, woraufhin sich ihr Zustand innerhalb eines halben Jahres erheblich besserte. Nachdem Frau P. das Levothyroxin vier Jahre lang genommen hatte, war sie der ständigen Medikamenteneinnahme überdrüssig und setzte das Präparat ab. Kurze Zeit später traten erneut die Symptome einer Schilddrüsenunterfunktion ein. Mit Hilfe ihres Arztes und von Levothyroxin gelang es ihr wieder, die Krankheit unter Kontrolle zu bringen. Sie schwor sich, Levothyroxin nie wieder abzusetzen.

Die anderen Schilddrüsenentzündungen und ihre Behandlung

Schilddrüsenentzündungen

Auch die akute und die subakute Schilddrüsenentzündung bedürfen der ärztlichen Hilfe. Bei beiden Krankheiten wenden sich die Betroffenen meist rasch an einen Arzt, da diese Entzündungen große Schmerzen verursachen können.

Vor allem die durch Bakterien hervorgerufene, zum Glück recht seltene akute Thyreoiditis bedarf der schnellen Behandlung, denn die Schmerzen können unerträglich werden.

Therapie der akuten Thyreoiditis

Wie jede schwerwiegendere Krankheit, die durch Bakterien ausgelöst wird, wird auch die akute Schilddrüsenentzündung mit Hilfe von Antibiotika behandelt, die die Erreger in der Regel schnell abtöten. Um das geeignete Medikament für den Erreger herauszufinden, wird meist mit einer Hohlnadel eine Gewebeprobe entnommen und auf den Erreger untersucht.

Die sehr selten auftretende akute Schilddrüsenentzündung wird mit Antibiotika behandelt.

Hat sich in der Schilddrüse eine Einschmelzung gebildet, muss der Eiter chirurgisch entleert werden. Wenn nämlich ein solcher Abszess aufplatzt und sich der Eiter in die Blutbahn entleert, wird der Krankheitserreger an andere Orte des Körpers gebracht, wo er neue schwerwiegende Infektionen hervorrufen kann. Dies kann mit der Eröffnung eines Abszesses vermieden werden.

Die subakute Thyreoiditis de Quervain

Die subakute Schilddrüsenentzündung verläuft nicht ganz so schmerzhaft wie die akute Thyreoiditis. Die Krankheit dauert in der Regel etwas länger. Erkannt wird die subakute Thyreoiditis mit der Sonographie, der Szintigraphie und durch Bluttests. Falls der Arzt dann noch immer nicht sicher ist, welche Krankheit vorliegt, wird eine Punktion durchgeführt.

Da die subakute Schilddrüsenentzündung durch Viren hervorgerufen wird, die durch Antibiotika nicht abgetötet werden, wartet man zunächst einmal ab, ob sich die Krankheit von selbst legt. Gegen die Schmerzen können jedoch Medikamente eingenommen werden.

Viren sind die Verursacher der subakuten Thyreoiditis. Normalerweise wird der Körper nach kurzer Zeit allein mit diesen Krankheitserregern fertig.

In schwerwiegenderen Fällen ist die Behandlung mit Kortison unabdingbar. Diese Therapie verschafft den Kranken meist schnell Erleichterung.

Möglicherweise liegt nach Abklingen der subakuten Thyreoiditis zunächst eine leichte Schilddrüsenunterfunktion vor. In der Regel erholen sich die Schilddrüsenzellen jedoch so weit, dass nach kurzer Zeit die volle Funktion der Schilddrüse wieder hergestellt ist.

Im Ausnahmefall wird so viel Schilddrüsengewebe durch die Entzündung geschädigt, dass eine Erholung nicht mehr möglich ist. Sie können sich sicherlich vorstellen, was von ärztlicher Seite in diesem Fall unternommen wird: Die drohende oder bereits bestehende Hypothyreose muss zeitlebens mit synthetisch hergestellten Schilddrüsenhormonen behandelt werden. Diese Therapie mag zwar ein wenig lästig sein, weil tagtäglich Medikamente genommen werden müssen, schädlich ist sie jedoch nicht. Am sinnvollsten ist es, die Levothyroxin-Dosis jeden Tag zu einem festgelegten Zeitpunkt, zum Beispiel morgens nüchtern eine halbe Stunde vor dem Frühstück, zu nehmen, um sie nicht zu vergessen.

Operation bei Schilddrüsenkrebs

Krebs-operationen

Wie Sie wissen, ist Schilddrüsenkrebs kein Todesurteil – behandelt werden muss er jedoch so rasch wie möglich nach seiner Entdeckung, um die Gefahr einer Metastasenbildung möglichst gering zu halten.

Die Methode der Wahl ist bei Schilddrüsenkrebs immer die Operation. Während bei anderen Knoten meistens versucht wird, einen Teil der Schilddrüse zu erhalten, ist es bei Krebs sinnvoll, die gesamte Drüse zu entfernen, um das Risiko auszuschließen, dass einige Krebszellen noch im Körper verbleiben.

Die Durchführung der Operation

Genau wie bei der Kropfoperation wird bei der Krebsoperation die Schilddrüse durch den so genannten Kragenschnitt entfernt. Schließlich soll die Narbe möglichst unsichtbar sein.

Der Eingriff an sich ist Routine. Bevor die Schilddrüse völlig entfernt wird - dies bezeichnet man als totale Thyreoidektomie -, wird das Schilddrüsengewebe während der Operation noch einmal unter dem Mikroskop untersucht, um die Diagnose Krebs definitiv zu bestätigen.

Manchmal werden bei einer Krebsoperation der Schilddrüse aus Sicherheitsgründen die Lymphknoten im Hals gleich mit entfernt.

Eine solche Schilddrüsenoperation kann selbstverständlich nur durchgeführt werden, wenn der Allgemeinzustand des Patienten es zulässt. Falls nötig und möglich, wird der Zustand des Kranken vor dem Eingriff stabilisiert.

Rettung der Nebenschilddrüsen

Bei der totalen Entfernung der Schilddrüse kann es unbeabsichtigt auch zur Entfernung der Nebenschilddrüsen kommen. Die neben der Schilddrüse an der hinteren Seite beider Lappen liegenden kleinen Drüsen stellen das sogenannte Parathormon her, das dafür zuständig ist, dass sich genug Kalzium im Blut befindet. Werden die Nebenschilddrüsen entfernt, kann es als Folge zur sogenannten Tetanie kommen – zu Muskelkrämpfen mit Lähmungserscheinungen, die durch eine zu geringe Kalziumkonzentration im Blut hervorgerufen werden. Daher achtet man bei der Entfernung der Schilddrüse immer darauf, dass die Nebenschilddrüsen wiedereingepflanzt werden – meist in die Halsmuskeln, wo sie ihre Arbeit wieder aufnehmen (s. auch S. 79).

Das linke Bild zeigt den so genannten Kragenschnitt, den der Chirurg bei einer Operation der Schilddrüse ansetzt; auf der rechten Abbildung sehen Sie die Lage der Nebenschilddrüsen.

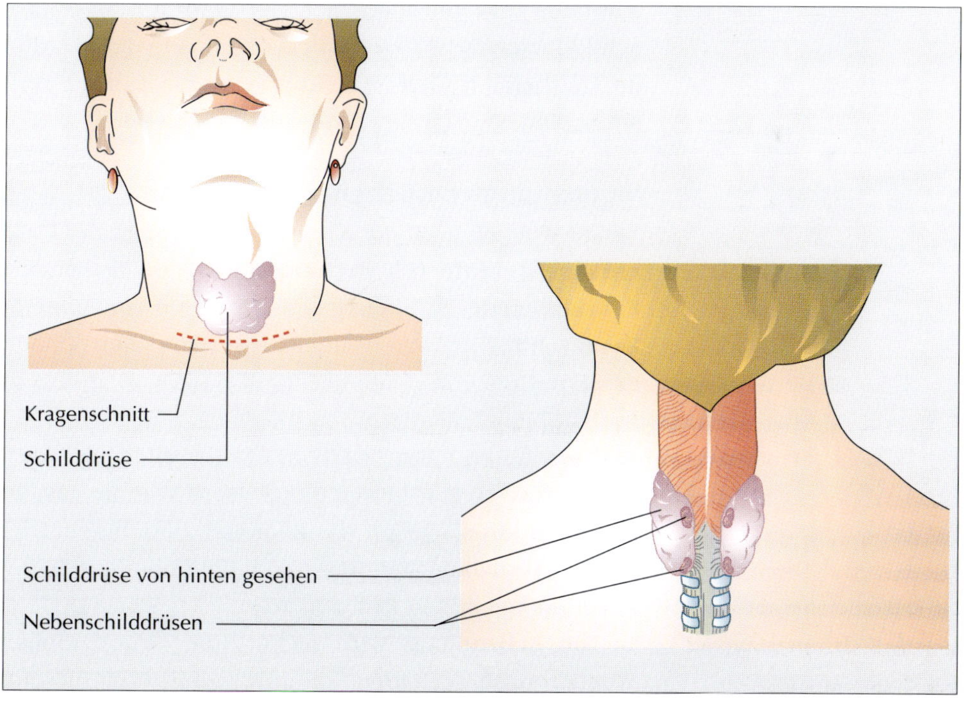

Wann wird die Therapie mit Radiojod bei Krebs eingesetzt?

Radiojodtherapie bei Krebs

Die Radiojod-Therapie – also die Zerstörung von krankem Schilddrüsengewebe durch radioaktives Jod – wird meistens nach einer Krebsoperation eingesetzt.

Schließlich kann es bei jeder Operation passieren, dass noch Reste von gesundem und krankem Gewebe im Körper zurückbleiben. Selbst wenn der Chirurg noch so sorgfältig arbeitet, kann der Fall eintreten, dass der Schilddrüsenkrebs bereits Metastasen gebildet hat, die im Halsbereich oder seltener im ganzen Körper verstreut sind.

Vernichtung verbliebener Krebszellen

Einige Wochen nach der Krebsoperation muss der Patient eine wesentlich höhere Dosis Radiojod als bei der Behandlung der Schilddrüsenüberfunktion einnehmen. Denn schließlich sollen alle noch vorhandenen Schilddrüsenzellreste und alle eventuell noch vorhandenen Krebszellen vernichtet werden.

Dies funktioniert, weil die Krebszellen aus der Schilddrüse (selbst in den Metastasen) wie die gesunden Schilddrüsenzellen das Radiojod aufnehmen. Die einzige Ausnahme stellt das C-Zell-Karzinom dar. Seine Zellen nehmen kein Radiojod auf.

Die Radiotherapie sollte sich an jede Krebsoperation der Schilddrüse anschließen.

Die Behandlung wird nicht ohne Grund einige Wochen nach der Operation durchgeführt: Zu diesem

Zeitpunkt sind die im Blut zirkulierenden Schilddrüsenhormone T3 und T4 verbraucht, weil keine Schilddrüse mehr vorhanden ist. Die Hirnanhangsdrüse produziert jede Menge TSH, um die nicht mehr vorhandenen Schilddrüsenzellen zur Herstellung neuer Hormone anzuregen. Im Körper verbliebene Schilddrüsen- und Krebszellen greifen zu diesem Zeitpunkt daher noch viel begieriger zu dem Radiojod, als sie es sonst täten. Damit führen sie sich selbst eine schädliche Dosis Radioaktivität zu.

Erst nach der Radiojod-Therapie wird dem Körper synthetisches Schilddrüsenhormon (Levothyroxin) zugeführt, das nach der Krebsbehandlung zeitlebens in ausreichend hoher Dosis eingenommen werden muss. Vor einer eventuell erforderlichen Wiederholung der Radiojod-Therapie erzielt man ausreichend hohe TSH-Werte durch erneute vorübergehende Unterbrechung der Behandlung mit Schilddrüsenhormontabletten.

Weiterer Nutzen der Therapie

Die Radiojod-Therapie nach der Krebsbehandlung hat nicht nur den Sinn, im Körper verbliebene Krebszellen zu vernichten. Mit Hilfe der Szintigraphie kann der Arzt auch erkennen, wo sich noch Krebsherde verbergen.

Auch wenn die Strahlendosis bei der Krebsbehandlung mit Radiojod recht hoch ist, ist die Therapie relativ ungefährlich. In jedem Fall bietet sie mehr Vorteile als Nachteile.

Die relativ hohe radioaktive Strahlung kann die Speicheldrüsen schädigen. Diese unerwünschte Wirkung ist jedoch äußerst selten – denn nach der Radiojod-Therapie wird durch starke Stimulation des Speichelflusses, z. B. mit Zitronensaft, verhindert, dass sich das Radiojod ausreichend lange in den Drüsen aufhält, um sie schädigen zu können.

Drei bis sechs Monate nach einer Radiojod-Therapie kann es notwendig sein, eine weitere Behandlung durchzuführen. Damit soll sichergestellt werden, dass tatsächlich alle Krebsherde vernichtet werden.

Andere Behandlungsmethoden bei Krebs

Andere Krebsbehandlung

Bei vielen anderen Krebsformen wird als Behandlungsmethode die Chemotherapie eingesetzt. Auch die Strahlentherapie wird bei anderen Krebsarten häufig durchgeführt. Bei Schilddrüsenkrebs kommen diese Verfahren jedoch selten zum Einsatz.

Diese Behandlungsmethoden werden nur im Einzelfall eingesetzt – besonders dann, wenn nicht mehr operiert werden kann oder eine Radiojod-Therapie keine Erfolgsaussichten bietet.

Chemotherapie ohne große Erfolge

Die Behandlung mit so genannten Zytostatika, mit Medikamenten, die Krebszellen zerstören und ihr Wuchern verhindern sollen, ist bei Schilddrüsenkrebs nicht sehr erfolgversprechend. Diese Chemotherapie kommt nur zum Einsatz, wenn der Krebs sehr weit fortgeschritten ist und auf keine andere Behandlung mehr anspricht beziehungsweise eine andere Behandlung nicht durchgeführt werden kann. Gegen das Karzinom an sich kann diese Form der Krebsbehandlung jedoch kaum etwas ausrichten.

Im Gegensatz zu vielen anderen Krebsarten hat die Chemotherapie bei Schilddrüsenkrebs kaum Erfolg.

Die Behandlung mit Strahlen

Es gibt verschiedene Karzinome der Schilddrüse: die differenzierten und die undifferenzierten Geschwülste. Während die Krebszellen des differenzierten Karzinoms noch ähnliche Funktionen aufweisen wie gesunde

Schilddrüsenzellen, unterscheiden sich die Zellen der undifferenzierten Karzinome völlig von den Schilddrüsenzellen. Während die Zellen der differenzierten Karzinome Jod aus dem Blutstrom fangen und aus diesem Grund auch durch Radiojod zerstört werden können, können die Zellen der undifferenzierten Karzinome kein Jod aufnehmen. Sie lassen das Radiojod im Blut ungenutzt an sich vorüberziehen. So kann die Radiojod-Therapie diese Krebszellen nicht schädigen.

Die Strahlenbehandlung wird nur eingesetzt, wenn alle anderen Behandlungsmethoden nicht durchgeführt werden können.

Eine Möglichkeit, diese Karzinome zu bekämpfen, besteht in der Strahlentherapie von außen. Allerdings hat diese Form der Behandlung ungleich größere Nebenwirkungen als die Radiojod-Therapie: Schließlich werden auch die gesunden Zellen von Hals, Speise- und Luftröhre einer Strahlung ausgesetzt. Wenn eine Geschwulst zu groß ist, als dass sie noch gefahrlos für die anderen im Rachenraum befindlichen Organe entfernt werden könnte, wird die Bestrahlung von außen eingesetzt.

Nach der Krebsoperation …

Nicht nur, dass nach der chirurgischen Entfernung der Schilddrüse in den meisten Fällen eine Radiojod-Therapie Pflicht für jeden Patienten ist, auch die Einnahme von synthetischem Schilddrüsenhormon, dem Levothyroxin, ist unabdingbar. Schließlich werden ohne die Schilddrüse die Hormone T3 und T4 nicht länger hergestellt, so dass es zu einem totalen Ausfall der Schilddrüsenhormonversorgung kommen muss. Da diese Hypothyreose für die Betroffenen sehr unangenehm ist, muss dagegen natürlich etwas unternommen werden. Mit Schilddrüsenhormontabletten, die zeitlebens eingenommen werden müssen, ist es einfach, die Schilddrüsenunterfunktion in Schach zu halten. Ausdauer bei der Medikamenteneinnahme ist jedoch erforderlich!

Maßnahmen gegen die verschiedenen Krebsformen

Verschiedene Krebsformen

Sie haben auf den vorhergehenden Seiten die verschiedenen Behandlungsmethoden bei Schilddrüsenkrebs kennen gelernt. Nun sollen Sie erfahren, bei welchen Krebsformen die einzelnen Therapien mit Erfolg eingesetzt werden.

Die häufigste Krebsform der Schilddrüse ist das differenzierte Karzinom, seltener sind das undifferenzierte Karzinom sowie das C-Zell-Karzinom.

Die Behandlung differenzierter Karzinome

Bei den differenzierten Karzinomen empfiehlt sich die Krebsbehandlung mit Entfernung der Schilddrüse und anschließender Radiojod-Therapie. Diese Therapie hat beim differenzierten Schilddrüsenkrebs sehr gute Erfolge, wenn das Karzinom rechtzeitig erkannt wurde. Meistens ist dies der Fall, denn diese Krebsart breitet sich relativ langsam aus und bildet nicht so rasch Metastasen.

Am ehesten bestehen bei Schilddrüsenkrebs gute Heilungschancen, wenn der Tumor (meist die gesamte Schilddrüse) vollständig entfernt werden kann.

Nur wenn eine Operation nicht mehr möglich ist, wird eine Bestrahlung von außen, gekoppelt mit einer Chemotherapie, in Betracht gezogen. Geheilt werden kann der Schilddrüsenkrebs in diesem Stadium jedoch in der Regel nicht mehr. Allerdings können das Leben durch diese Maßnahme verlängert und die Beschwerden gelindert werden. Deshalb sollte sie vom Patienten nicht abgelehnt werden.

Geringere Erfolgschancen bei undifferenziertem Schilddrüsenkrebs

Undifferenzierte Schilddrüsenkarzinome sprechen nicht auf die Radiojod-Therapie an. Die einzige Möglichkeit, diese Krebsform unter Kontrolle zu bringen, ist daher die Operation mit der Entfernung aller vorhandenen Krebsherde. Das undifferenzierte Karzinom wächst leider nur allzu rasch. Deshalb wird der Krebs oft erst dann entdeckt, wenn es für eine Operation schon zu spät ist. Auch die Chemotherapie bringt nur in wenigen Fällen noch eine Wirkung.

Bei undifferenzierten Karzinomen hat die Durchführung einer Radiojod-Therapie keinen großen Effekt.

Nur die Operation hilft beim C-Zell-Karzinom

Das C-Zell-Karzinom ist kein „richtiger" Krebs der Schilddrüse – die in der Schilddrüse befindlichen C-Zellen, die das Hormon Calcitonin herstellen, sind krebsig entartet. Erkannt wird das C-Zell-Karzinom durch einen erhöhten Calcitonin-Spiegel im Blut.

Gegen diese Krebsform hilft nur die vollständige Entfernung der Schilddrüse – auch die Lymphknoten im Hals müssen chirurgisch entfernt werden, damit sich keine Krebszellen in andere Regionen des Körpers ausbreiten können. Eine Radiojod-Therapie hat keinerlei Wirkung – wie Sie sich vorstellen können. Schließlich haben die C-Zellen keine Verwertung für das Element Jod und lassen es im Blutstrom an sich vorüberziehen.

Krebs anderer Organe

Haben sich in der Schilddrüse Metastasen anderer Krebsarten angesiedelt, muss die gesamte Schilddrüse in der Regel chirurgisch entfernt werden. Die weitere Therapie gestaltet sich danach, wie weit der Krebs fortgeschritten ist und um welche Krebsart es sich handelt. Oft wird man versuchen, den Krebs mit Bestrahlung und Chemotherapie in den Griff zu bekommen.

Schilddrüsen-krankheiten in der Schwangerschaft

Schwanger-schaft

Die Behandlung von Krankheiten während einer Schwangerschaft unterscheidet sich in vielen Fällen von der herkömmlichen Therapie, um das ungeborene Kind nicht zu gefährden.

Genauso ist es natürlich auch bei Schilddrüsenkrankheiten in der Schwangerschaft. Während manche Behandlungsmethoden durchgeführt werden können, dürfen andere nicht eingesetzt werden.

Strengstens untersagt: die Radiojod-Therapie

So geringfügig die radioaktive Strahlung bei der Radiojod-Therapie auch sein mag, sie stellt dennoch eine Gefahr für das ungeborene Kind dar. Durch diese Behandlung wird das gesunde Schilddrüsengewebe des Ungeborenen zerstört. Dies muss in jedem Fall vermieden werden. Aus diesem Grund darf eine solche Behandlung während der Schwangerschaft nicht durchgeführt werden. Eine Operation ist bei mechanisch stark behinderndem Kropf, einer Schilddrüsenüberfunktion infolge Basedow'scher Krankheit und seltener einer Schilddrüsenautonomie gelegentlich nicht zu vermeiden. Selbst eine unter Vollnarkose durchgeführte Operation ist für das Kind nicht so gefährlich wie eine Behandlung mit radioaktivem Jod. Außerdem ist das Operationsgebiet weit genug von der Gebärmutter entfernt, so dass nicht mit Komplikationen zu rechnen ist.

Während die Durchführung einer Ultraschalluntersuchung der Schilddrüse in der Schwangerschaft erlaubt ist, darf auch eine Szintigraphie mit einer radioaktiven Indikatorsubstanz nicht durchgeführt werden.

Dürfen Medikamente gegen Schilddrüsenkrankheiten genommen werden?

Viele Arzneimittel sollten während einer Schwangerschaft nicht genommen werden, da sie in den Körper des Ungeborenen gelangen und es schädigen können. Der unfertige Organismus reagiert viel stärker auf bestimmte Stoffe als der Körper eines Erwachsenen. Manche Medikamente, die für die Mutter lebensnotwendig sind, müssen dennoch genommen werden. Der Arzt wird versuchen, das unschädlichste Präparat in einer niedrigen Dosierung zu verabreichen. Denn bei den verschiedenen Schilddrüsenkrankheiten sind werdende Mütter auf ihre Medikamente angewiesen.

Sollten Sie an einer Schilddrüsenunterfunktion leiden und dauerhaft synthetisch hergestelltes Schilddrüsenhormon (Levothyroxin) einnehmen, keine Angst! Dieses Medikament ist ein Ersatz für einen normalerweise vom Körper hergestellten Stoff, der dem Kind in keinster Weise schadet. Sie können Ihr Levothyroxin also ganz unbesorgt weiter einnehmen!

Levothyroxin dürfen Sie bei einer Schilddrüsenunterfunktion während einer Schwangerschaft nehmen. Auf Ihr Kind hat dieser Stoff keinerlei Auswirkungen.

Genauso ist es mit Jodid-Tabletten. Nicht nur die werdende Mutter, auch das Kind benötigt Jod, damit die Schilddrüse eine ausreichende Menge Hormone herstellen kann. Die Frauenärzte sind daher aufgefordert, Schwangeren bei Verdacht auf Jodmangel Jodid-Tabletten zu verordnen.

Etwas anders ist die Lage bei den so genannten Thyreostatika, den Schilddrüsenhemmern. Die Thyreostatika müssen in möglichst niedriger Dosis verabreicht werden. Selbst wenn sich noch Anzeichen der Schilddrüsenüberfunktion bei der Mutter aufgrund der niedrigen Dosis zeigen, sollte die Dosierung nicht erhöht werden. Diese Präparate gelangen nämlich zum Kind und können bei ihm eine nicht erwünschte Unterfunktion hervorrufen.

Hilfe für Kinder

Kindheit

Auch im Kindesalter, ja sogar beim Neugeborenen, können bereits Schilddrüsenkrankheiten auftreten. Die Behandlung kann ein wenig anders aussehen als bei Erwachsenen, da der Organismus von Kindern noch nicht ausgereift ist und manche Therapien Kindern schaden könnten.

Beispielsweise wird man versuchen, einem Kropf im Kindesalter medikamentös beizukommen. Meistens haben sich auch noch keine Knoten gebildet, so dass eine medikamentöse Therapie ausreicht.

Welche Medikamente bei Schilddrüsenvergrößerung infrage kommen

Bei einem Kropf im Kindesalter reicht es in der Regel, dem Kind eine genügende Jodmenge zu verabreichen, damit der Kropf zu schrumpfen beginnt. Da oft mit der Nahrung nicht genug Jod aufgenommen wird, greift man auf völlig gefährliche Jodidtabletten zurück. Ohne diese Jodzufuhr kann das Kind in seiner körperlichen und geistigen Entwicklung zurückbleiben!

Bei Jodmangel kommt es bereits beim Ungeborenen zur Bildung eines Kropfes.

Schilddrüsenüberfunktion bei Kindern

In den meisten Fällen ist die Basedow'sche Krankheit der Grund für eine Schilddrüsenüberfunktion im Kindesalter. Autonome Adenome kommen nur ganz selten vor. Natürlich muss auch bei Kindern die überschießende Hormonproduktion der Schilddrüse gehemmt werden. Dies geschieht in der Regel durch Medikamente, die Thyreostatika. Andere Behandlungsmethoden wie die Radiojod-Therapie oder die chirurgische Entfernung der Schilddrüse werden im Kindesalter nicht als erste Methode eingesetzt, da sich die Basedow'sche Krankheit in manchen Fällen (bis zu 30 %) spontan zurückbildet. Allerdings kann auch bereits bei Jugendlichen die Radiojod-Therapie oder die Operation die beste Methode sein, die Basedow'sche Krankheit nach erfolgloser Behandlung mit Medikamenten (sie wird manchmal bis zu drei Jahre durchgeführt) in den Griff zu bekommen.

Sowohl Hyper- als auch Hypothyreose müssen im Kindesalter behandelt werden, um schwerwiegende Folgen zu vermeiden.

Behandlung von Hypothyreose

Die Hauptgründe für eine Schilddrüsenunterfunktion im Kindesalter sind die Hashimoto-Thyreoiditis sowie das Fehlen der Schilddrüse von Geburt an. Gegen die Hypothyreose muss unbedingt etwas unternommen werden, weil sie sonst schwerste Auswirkungen auf die körperliche und geistige Reifung des Kindes hat. Selbst kleinen Kindern kann bereits synthetisch hergestelltes Schilddrüsenhormon in Form von Tabletten verabreicht werden.

Die Eltern müssen darauf achten, dass das Kind sein Medikament regelmäßig einnimmt, da es sonst erneut zu den Anzeichen von Hypothyreose kommt.

Knoten und Krebs

Knoten in der Schilddrüse sind bei Kindern selten. Wird jedoch ein Knoten gefunden, muss dessen Ursache rasch abgeklärt werden. Falls es sich um Krebs handelt, muss das Kind operiert werden, um eine weitere Ausbreitung der Krebszellen zu vermeiden.

Ist bei einem Elternteil ein C-Zell-Karzinom gefunden worden, muss beim Kind regelmäßig der Calcitonin-Spiegel überprüft werden. Dieser Krebs ist in vielen Fällen erblich und bei frühzeitiger Operation im Kindesalter zu heilen.

Was macht man im Alter bei Schilddrüsenleiden?

Alter

Die Behandlung von Schilddrüsenleiden im fortgeschrittenen Lebensalter richtet sich unter anderem nach der körperlichen Verfassung, in der sich der Betroffene befindet.

So kommt beispielsweise eine Operation nicht infrage, wenn sie aufgrund des Allgemeinzustands zu risikoreich wäre oder den Patienten zu sehr belasten würde.

Die Kropfbehandlung im Alter

Mit steigendem Lebensalter wächst die Gefahr, dass sich in einem bestehenden Kropf Knoten bilden. Manche älteren Menschen haben Knotenkröpfe. Das sind vergrößerte Schilddrüsen, die mit Knoten geradezu durchsetzt sind. Untersucht werden sollten solche Knoten in jedem Fall. Wenn es sich um Zysten oder Kalkablagerungen handelt, bedürfen sie keiner Behandlung.

Im Alter wird ein Kropf nur noch operativ entfernt, wenn er zu groß für seine Umgebung geworden ist oder falls er anderweitige Beschwerden bereitet.

Man sollte gegen einen Kropf im Alter nur etwas unternehmen, wenn er Beschwerden macht. Sonst ist darauf zu achten, dass er sich nicht weiter vergrößert. Dies lässt sich gelegentlich über eine Entlastung der Schilddrüsenhormonproduktion durch Gabe von Levothyroxin-Tabletten erreichen.

Autonome Adenome und Krebsknoten bedürfen allerdings selbstverständlich einer Behandlung, wenn diese für die Betroffenen keine zu große Belastung darstellt.

Hilfe bei Schilddrüsenunterfunktion

Eine Hypothyreose wird bei alten Menschen oftmals nicht erkannt, weil die mit ihr einhergehenden Beschwerden auf das Lebensalter zurückgeführt werden. Das ist für die Betroffenen - wie Sie sich vorstellen können - von großem Nachteil, denn wenn die Hypothyreose-Beschwerden zu den altersbedingten Beschwerden hinzukommen, geht es ihnen doppelt schlecht. Nicht zu vergessen ist, dass eine unbehandelte Schilddrüsenunterfunktion sehr belastend sein kann.

Deshalb sollte der Arzt bei großer Lethargie, plötzlicher Gewichtszunahme und depressiven Verstimmungen bei alten Menschen auch immer die Schilddrüse als Verursacher im Auge haben. Eine Behandlung erfolgt - wie bei allen anderen Altersgruppen auch - mit dem synthetisch hergestellten Schilddrüsenhormon Levothyroxin. Die Angehörigen sollten darauf achten, dass ihre älteren Familienmitglieder die Schilddrüsenhormontabletten gewissenhaft einnehmen.

Oft werden Schilddrüsenkrankheiten im Alter nicht behandelt, weil sie nicht als solche erkannt werden.

Krebs der Schilddrüse

Wird Schilddrüsenkrebs im Alter festgestellt, ist das noch lange kein Todesurteil. Der Chirurg wird - wenn möglich - die Schilddrüse entfernen. An die Operation schließt sich eine Radiojod-Therapie oder eine äußere Bestrahlung an. Selbstverständlich müssen in regelmäßigen Abständen Untersuchungen zur Nachkontrolle und Überprüfung einer ausreichenden Versorgung mit Schilddrüsenhormontabletten erfolgen. Lässt der körperliche Zustand eine Operation nicht zu, wird wenigstens eine Radiojod-Therapie oder eine Strahlenbehandlung von außen durchgeführt. Ist auch eine solche Behandlung dem Patienten nicht mehr zuzumuten, wird der Arzt alles versuchen, um die Beschwerden des Patienten zu lindern.

Was kann ich selbst tun?

Wenn Sie unter einer Schilddrüsenkrankheit leiden, müssen Sie unbedingt zum Arzt gehen, damit dieser die auf Sie zugeschnittene Behandlung einleitet. Sie selbst können aber Ihren Teil dazu beitragen, dass es erst gar nicht zu einer Schilddrüsenkrankheit kommt. Was Sie tun können, erfahren Sie auf den folgenden Seiten.

Ist Ihre Schilddrüse in Ordnung?

Schilddrüsentest

Letztlich können zwar nur ärztliche Untersuchungen darüber Aufschluss geben, ob Sie unter einer Krankheit der Schilddrüse leiden. Mit dem folgenden Test können Sie Ihr Risiko zumindest etwas besser einschätzen.

Vielleicht macht der Test Sie ja auch aufmerksam auf Beschwerden, unter denen Sie bereits seit längerer Zeit leiden und die Sie bisher als unvermeidlich hingenommen haben.

Wie steht es um Ihre Schilddrüse?

Haben Sie in letzter Zeit größeren Hunger als sonst?	❑ Ja	❑ Nein
Ist Ihr Appetit zurückgangen?	❑ Ja	❑ Nein
Haben Sie aus unerklärlichen Gründen an Gewicht abgenonmmen?	❑ Ja	❑ Nein
Haben Sie aus unerklärlichen Gründen an Gewicht zugelegt?	❑ Ja	❑ Nein
Haben Sie Probleme mit dem Ein- oder Durchschlafen?	❑ Ja	❑ Nein
Ist Ihnen oft warm und schwitzen Sie viel?	❑ Ja	❑ Nein

Frieren Sie häufig oder ist Ihnen ohne Grund kalt?	❑ Ja	❑ Nein
Sind Sie häufig ohne Grund gereizt und fühlen Sie sich innerlich erregt?	❑ Ja	❑ Nein
Fühlen Sie sich müde, weniger leistungsfähig und können Sie sich schlecht konzentrieren?	❑ Ja	❑ Nein
Ist Ihr Herzschlag beschleunigt oder ungleichmäßig?	❑ Ja	❑ Nein
Können Sie schlecht schlucken oder bekommen Sie schlecht Luft?	❑ Ja	❑ Nein
Haben Sie anscheinend grundlos Durchfall oder Verstopfung?	❑ Ja	❑ Nein
Leiden Sie unter trockener Haut, stumpfen Haaren oder brüchigen Fingernägeln?	❑ Ja	❑ Nein
Gab es bei Ihren Blutsverwandten bereits Krankheiten der Schilddrüse?	❑ Ja	❑ Nein

Wenn Sie sechsmal mit Ja geantwortet haben, sollten Sie Ihre Schilddrüse untersuchen lassen, um festzustellen, ob die Ursache für Ihre Beschwerden eine Krankheit der Schilddrüse ist.

Selbstverständlich ist es nicht sicher, dass Ihre Schilddrüse an den körperlichen Problemen schuld ist, unter denen Sie leiden. Jedoch wächst die Wahrscheinlichkeit einer Schilddrüsenkrankheit mit jeder weiteren bejahten Frage.

Wie Sie einem Jodmangel vorbeugen können

Jodzufuhr

Jod ist ein lebenswichtiges Element. Täglich sollte jeder 150 bis 300 Mikrogramm (ein Mikrogramm ist der millionste Teil eines Gramms) Jod mit der Nahrung aufnehmen.

Die Gefahr, durch Jodmangel einen Kropf zu bekommen, würde dadurch ausgeschlossen. In Deutschland sind jedoch nach wie vor viele Menschen gefährdet, einen Kropf zu entwickeln. Denn die meisten unserer Nahrungsmittel enthalten zu wenig Jod.

Jodsalz statt herkömmliches Salz!

Im Gegensatz zu vielen unserer Nachbarstaaten besteht in Deutschland für Nahrungsmittelhersteller nicht die Pflicht, jodiertes Speisesalz bei der Produktion ihrer Lebensmittel zu verwenden. Viele Nahrungsmittel werden daher nach wie vor mit herkömmlichem Salz gewürzt.

Wenn alle Nahrungsmittel mit Jodsalz statt normalem Salz hergestellt würden, gäbe es viel weniger Menschen mit Schilddrüsenproblemen!

Auch in zahlreichen Haushalten hat es sich noch nicht herumgesprochen, dass Jodsalz sinnvoller ist. Es ist daher kein Wunder, dass die meisten Nahrungsmittel nur über einen sehr geringen Jodgehalt verfügen, der zur Deckung des täglichen Bedarfs nicht ausreicht. Schließlich enthalten nur wenige Nahrungsmittel wie Meeresfisch von Natur aus reichlich Jod.

In manchen europäischen Ländern (zum Beispiel Skandinavien, Schweiz, Niederlande, Österreicht) kommen Kröpfe nur noch selten vor, nachdem Jodsalz bei der Nahrungsmittelherstellung vorgeschrieben wurde.

Auch wenn Sie selbst die Gesetze nicht machen, können Sie doch etwas dazu beitragen, dass bei der Lebensmittelherstellung mehr Jodsalz verwendet wird. Fragen Sie Ihren Bäcker und Ihren Fleischer, ob sie bei der Herstellung ihrer Produkte Jodsalz verwenden. Wenn nicht, regen Sie es doch einfach an! Beim Kochen zu Hause sollten Sie sowieso grundsätzlich Jodsalz verwenden.

Nehmen Sie Jodid-Tabletten!

Da es für Sie leider immer noch sehr schwierig ist, Jodmangel allein mit der Verwendung von Jodsalz auszugleichen, kann es durchaus sinnvoll sein, Jodid-Tabletten einzunehmen. Sie sind in der Apotheke rezeptfrei erhältlich und sehr preiswert. Eine Tablette mit 100 Mikrogramm Jodid täglich beugt einer Vergrößerung der Schilddrüse bereits wirkungsvoll vor, wenn Sie zusätzlich Jodsalz verwenden.

Wenn die Jodzufuhr mit der Nahrung unzureichend ist, bietet es sich an, Jodid-Tabletten aus der Apotheke einzunehmen.

Jodidpräparate aus der Apotheke

- Frubiase Jod + Mineral
- Jodetten
- Jodid
- Jodminerase
- Kaliklora Jod medizinische Zahnpasta
- Kaliumiodid BC
- Kalium jodatum 0,1 g
- Strumex
- Strumedical
- Quell-(Mineral-)Wasser mit hohem Jodgehalt

Jodhaltige Nahrungsmittel

Lebensmittel mit Jod

Da die Böden in Deutschland ziemlich jodarm sind, sind es auch die hier angebauten Gemüse- und Getreidesorten. Die verschiedenen Fleischsorten auf dem Markt enthalten ebenfalls nur geringe Mengen Jod.

Jodhaltig sind vor allem Hochseefische, Meeresfrüchte und Algen – schließlich wurde das Jod aus den Böden während der Eiszeiten in die Meere gespült. Aus diesem Grund sollte man zumindest einmal pro Woche Hochseefisch essen.

Gibt es weitere Nahrungsmittel, die Jodmangel beheben können?

Neben Seefisch enthalten noch einige Gemüsesorten wie Spinat verhältnismäßig viel Jod. Jedoch ist es kaum möglich, seinen Jodbedarf über Nahrungsmittel allein zu decken. Man müsste dann beispielsweise große Mengen Spinat oder täglich Fisch essen.

Vor allen Dingen Hochseefisch enthält große Mengen an Jod.

Daher ist es – Sie ahnen es sicher schon – unbedingt empfehlenswert, Jodsalz zu verwenden. Sie brauchen nicht zu befürchten, dass Sie Ihrem Körper zu viel Jod zuführen, wenn Sie Jodsalz benutzen. Die tägliche Menge an Salz, die Menschen in Deutschland im Durchschnitt zu sich nehmen, liegt höchstens bei zehn Gramm. Von diesen zehn Gramm steckt ein großer Anteil in den bereits vorgefertigten Nahrungsmitteln wie Brot, Käse oder Wurst, die meist herkömmliches Salz enthalten. Sollten Sie daher fünf Gramm Jodsalz mit

Wie viel Jod enthalten Nahrungsmittel?

Nahrungsmittel (100 Gramm)	Jod (Mikrogramm)
◆ Schellfisch	416
◆ Seelachs	260
◆ Kabeljau	120
◆ Goldbarsch	74
◆ Hering	52
◆ Spinat	20
◆ Garnelen	13
◆ Hühnereier	10
◆ Roggenbrot	9
◆ Radieschen	8
◆ Weißbrot	6
◆ Kartoffeln	4
◆ Rindfleisch	3
◆ Schweinefleisch	3
◆ Salatgurke	3

Ihrer Nahrung und beim Zusalzen im Haushalt aufnehmen, ist das bereits recht viel. Erst eine tägliche Menge von zehn Gramm Jodsalz wäre gerade ausreichend, um einen Menschen optimal mit Jod zu versorgen.

Dies soll kein Appell sein, Ihre Speisen stärker zu salzen, als Sie es bereits tun. Denn eigentlich gilt nur eine Menge von etwa fünf Gramm Salz täglich als gesund. Dies ist eher ein Appell an die Nahrungsmittelindustrie: Wenn alle Nahrungsmittel Jodsalz enthalten würden, könnte der Tagesbedarf eines Menschen an Jod gedeckt werden. Solange dies nicht der Fall ist, achten Sie darauf, möglichst viel Fisch und Meeresfrüchte zu essen, und nehmen Sie Jodid-Tabletten aus der Apotheke zur Deckung des Jodbedarfs ein.

Seinen Jodbedarf allein mit Nahrungsmitteln zu decken, ist in Deutschland noch immer schwierig.

Vermeiden Sie Stress!

Lebensführung

Vor allem Autoimmunkrankheiten der Schilddrüse (die Basedow'sche Krankheit und die Hashimoto-Thyreoiditis) können durch seelische Belastungen ausgelöst oder verstärkt werden.

Aus diesem Grund ist es sinnvoll, bei diesen Krankheiten Stress möglichst aus dem Weg zu gehen. Nehmen Sie sich also zwischendurch immer wieder einmal Zeit, um sich von den Belastungen des Alltags zu entspannen.

Entspannung zwischendurch

Wenn Ihnen in der Hektik des Alltags alles über den Kopf zu wachsen scheint, versuchen Sie, auch im größten Stress kurzzeitig abzuschalten. Schließen Sie einfach für fünf Minuten die Augen oder bewegen Sie sich ein wenig – Sie werden sehen, dass die Anspannung etwas nachlässt.

Versuchen Sie, sich vom Stress nicht zu sehr mitnehmen zu lassen!

Leider ist es nicht immer möglich, aus dem Stress auszubrechen, wenn er am größten ist. Dann versuchen Sie, sich zumindest in Ihrer Freizeit ein wenig zu entspannen.

Was Sie zu Ihrer Entspannung machen, bleibt selbstverständlich Ihnen überlassen. Vielen Menschen hilft Sport. Andere machen ein kurzes Nickerchen, um anschließend frisch und fit wieder aufzustehen. Wieder anderen hilft es, wenn sie sich mit jemanden aussprechen können. Sie wissen bestimmt, was Ihnen selbst gut tut und wobei Sie am besten entspannen können!

Entspannung erlernen

Einigen Menschen fällt es schwerer als anderen, sich bewusst einige Zeit zu entspannen. Für diese Personen kann es sinnvoll sein, eine Entspannungstechnik zu erlernen. Mittlerweile werden von Sportvereinen, den Volkshochschulen und privaten Initiativen überall Kurse angeboten, in denen man sich eine Entspannungsmethode aneignen kann.

Zu den bekanntesten Entspannungsmethoden zählt sicherlich das autogene Training. Dies ist eine Technik der Autosuggestion, mit der man ganz bewusst den Zustand völliger Entspannung herbeiführen kann. Auch Yoga ist sehr bekannt. Bei dieser Entspannungsmethode werden durch körperliche Übungen Stress und seelische Belastungen abgebaut. Selbstverständlich können Sie auch andere, exotischere Entspannungstechniken wie Tai Chi oder Meditation ausprobieren. Beim Tai Chi wird die Entspannung durch Bewegungen, deren Ablauf ganz genau vorgegeben ist, erreicht. Die Meditation hat zum Ziel, ganz in sich selbst zu versinken.

Manchen Menschen hilft es, wenn sie eine Entspannungsmethode unter Anleitung erlernen.

Immer mal wieder dem Alltag entfliehen ...

Sinnvoll kann es auch sein, hin und wieder ganz aus dem Alltagstrott zu entfliehen. Dies kann beispielsweise durch einen Kurzurlaub am Wochenende, durch ein Essen in einem guten Restaurant oder auch durch eine längere Wanderung an einem schönen Tag geschehen. Wichtig ist nur, einfach einmal etwas ganz anderes zu sehen und dadurch mitzubekommen, dass es schöne Dinge gibt, die das Leben bereichern.

Sie werden sehen, es fällt leichter, in den Alltagstrott zurückzukehren, wenn man von solchen Erinnerungen zehren kann. Und schließlich kann man sie ja wiederholen. Achten Sie aber darauf, dass Ihre Freizeitaktivitäten nicht ebenfalls in Stress ausarten!

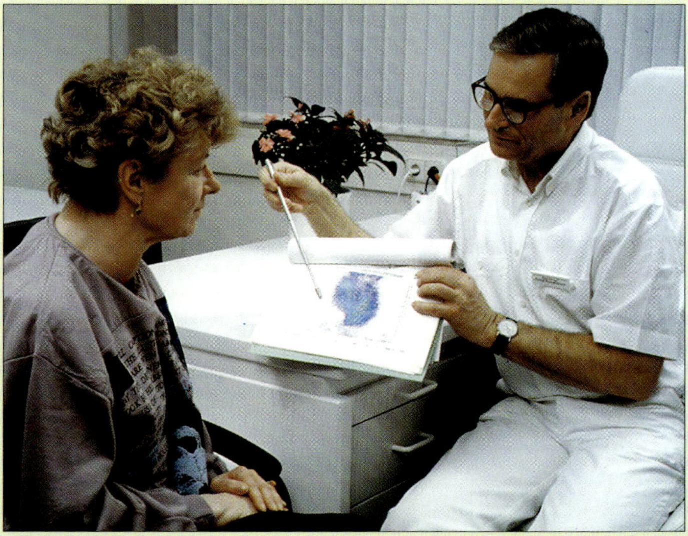

Häufige Fragen bei Schilddrüsenkrankheiten

Nun wissen Sie, wie die Schilddrüse funktioniert, wie es zu Krankheiten der Schilddrüse kommt und wie sie behandelt werden. Dennoch sind vielleicht noch ein paar Fragen offen, von denen nun einige beantwortet werden sollen. Außerdem finden Sie in diesem Kapitel ein kleines Wörterbuch, das Ihnen die Kommunikation mit Ihrem Arzt erleichtern soll, sowie einige Adressen, an die Sie sich wenden können, wenn Sie noch weitere Informationen benötigen. Zusätzlich erleichtert Ihnen ein Sachregister die Suche nach den Themen in diesem Buch, die Sie besonders interessieren.

Was bedeutet es, wenn auf den Packungen der Jodid-Tabletten die Zahl 100, 200, 500 oder depot steht?

Diese Ziffer gibt die Menge des in einer Tablette enthaltenen Jods in Mikrogramm (millionstel Gramm) an – 100 bedeutet beispielsweise, dass eine Tablette des Medikaments 100 Mikrogramm Jod enthält.

Es gibt Jodpräparate, die über einen gewissen Zeitraum das Jod an den Körper abgeben. Diese Medikamente bezeichnet man als Depotpräparate. Nimmt man solch ein Präparat ein, muss man nicht täglich, sondern vielleicht nur einmal wöchentlich an die Medikamenteneinnahme denken. Diese Form der Jodverabreichung bietet sich insbesondere bei Kindern und älteren Menschen sowie bei allen Personen an, die es schwierig finden, täglich Medikamente zu nehmen, an.

Warum ist es in Deutschland bislang nicht vorgeschrieben, dass alle Lebensmittel Jodsalz statt herkömmliches Salz enthalten?

Politisch ist ein Gesetz nicht durchzusetzen, alle salzhaltigen Lebensmittel mit jodhaltigem Salz herzustellen. Viele Menschen haben eine zum Teil irrationale Angst vor Zusätzen von Mineralstoffen und Spurenelementen zu Lebensmitteln, obwohl die Erfahrungen in anderen Ländern gezeigt haben, dass beispielsweise der Zusatz von Jod oder von Fluor zum Speisesalz ein wichtiger Teil der Vorbeugung von Krankheiten sein kann. In vielen Nachbarstaaten Deutschlands hat sich erwiesen, dass durch jodiertes Speisesalz die Entstehung der meisten Schilddrüsenvergrößerungen vermieden werden konnte – die Zahl der Kropfträger ging sichtbar zurück.

Welche Hilfe können so genannte Naturheilmittel bei Schilddrüsenkrankheiten bieten?

Bei Schilddrüsenkrankheiten ist es immer sinnvoller, die Medikamente zu nehmen, die der Hausarzt verschreibt, als auf andere Mittel zurückzugreifen. Schließlich werden Jodid-Tabletten und Schilddrüsenhormontabletten verordnet, deren Grundstoffe aus der Natur stammen beziehungsweise die den körpereigenen Stoffen nachgebildet sind und bei richtiger Dosierung keine Nebenwirkungen hervorrufen. Diese Medikamente haben gegenüber Naturheilmitteln oder obskuren Behandlungsmethoden einen gewaltigen Vorteil: Sie zeigen in jedem Fall Wirkung!

Darf man Schilddrüsenhormone als „Schlankheitspille" einsetzen?

In keinem Fall, denn bei einer normal funktionierenden Schilddrüse wird genau die Menge an Schilddrüsenhormonen hergestellt, die der Organismus benötigt. Es ist zwar richtig, dass die Zufuhr von Schilddrüsenhormonen den Stoffwechsel anregt und durch Abbau von Eiweiß (statt von Fett) einige Pfunde verloren gehen können, doch sind die Gefahren einer solchen unbedachten Medikamenteneinnahme viel zu groß: Es kann leicht zu den Beschwerden einer Hyperthyreose kommen. Der Körper kann geschädigt werden. Außerdem nimmt der Betroffene nach Absetzen der Schilddrüsenhormone zu, wenn sich der Stoffwechsel normalisiert.

Warum bezeichnet man heiße Knoten als „heiß"?

Sie wissen ja, dass mit Hilfe der Szintigraphie ein Bild von der Schilddrüse und den möglicherweise bestehenden Knoten gemacht werden kann. Dieses Bild zeigt die Funktionsweise der Schilddrüse. Manche Knoten, die so genannten autonomen Adenome, nehmen in der Regel mehr radioaktive Indikatorsubstanz während einer Szintigraphie auf als gesunde Schilddrüsenareale. Aus diesem Grund werden die überaktiven Anteile als heiße Knoten bezeichnet.

Kann es sein, dass nach einer Krebsbehandlung häufiger eine Radiojod-Therapie durchgeführt werden muss?

Die Radiojod-Therapie wird nach einer Krebsoperation so oft wiederholt, bis alle im Körper verbliebenen Schilddrüsenrest-Zellverbände und Krebsherde ausgeschaltet sind. Mit Hilfe einer Ganzkörperaufnahme nach der Therapie wird überprüft, ob noch Jod speichernde Zellverbände oder Krebszellen im Körper nachzuweisen sind.

Kleines Wörterbuch

Adenom	Drüsengeschwulst, die im Gegensatz zu einem Karzinom gutartig ist
Anamnese	Krankheitsvorgeschichte
Antikörper	Stoff, der vom körpereigenen Abwehrsystem hergestellt wird, um einen Krankheitserreger zu markieren, damit er durch andere Abwehrzellen vernichtet wird
Autoantikörper	Vom Immunsystem hergestellter Abwehrstoff, der körpereigenes Gewebe angreift, so dass es in der Regel zerstört wird. Meist muss eine genetische Veranlagung vorliegen, damit ein Organismus Autoantikörper bildet.
Autoimmunkrankheit	Krankheit, bei der das körpereigene Gewebe vom eigenen Abwehrsystem angegriffen und im schlimmsten Fall zerstört wird
Autonomes Adenom	Knoten in der Schilddrüse, der unabhängig von dem Steuerungsmechanismus des Gehirns beginnt, Schilddrüsenhormone herzustellen. Die Folge kann eine Schilddrüsenüberfunktion sein. Ein autonomes Adenom ist in den meisten Fällen gutartig.
Basedow'sche Krankheit	Krankheit, bei der Autoantikörper vom Organismus hergestellt werden, die eine überschießende Hormonproduktion der Schilddrüse verursachen. Die Folge der Basedow'schen Krankheit ist eine Schilddrüsenüberfunktion. Die Autoimmunkrankheit ist vermutlich erblich. Frauen sind häufiger betroffen als Männer.

Blutserum Blutflüssigkeit, die keine Blutzellen enthält

Bq Becquerel; Maßeinheit, die die Anzahl der Zerfälle von radioaktiver Strahlung angibt

Calcitonin Hormon, das von den so genannten C-Zellen in der Schilddrüse hergestellt wird. Das Hormon trägt zur Regulation des Kalziumstoffwechsels im Körper bei.

Carbimazol Medikament, das die Produktion von Schilddrüsenhormonen hemmt (so genanntes Thyreostatikum)

CEA karzinoembryonales Antigen; Eiweißstoff, der sich im Blut feststellen lässt, zum Beispiel wenn ein C-Zell-Karzinom (Krebs der C-Zellen) vorliegt

Chronisch Lang andauernd, über einen längeren Zeitraum bestehend

C-Zell-Karzinom Krebs innerhalb der Schilddrüse, der von den C-Zellen ausgeht

De-Quervain-Thyreoiditis Form der subakuten Schilddrüsenentzündung, die durch Viren hervorgerufen wird und sich mit starken Schmerzen äußern kann

Exophthalmus Hervortreten der Augen aus ihren Höhlen. Exophthalmus ist ein Anzeichen für das Vorliegen der Basedow'schen Krankheit. Verursacht wird das Hervortreten der Augen durch entzündliche Prozesse in der Augenhöhle, zum Beispiel im Bereich der äußeren Augenmuskeln beziehungsweise der übrigen Augenanhangsgebilde.

Follikel Bläschen des Schilddrüsengewebes, die unter anderem als Speicher für die von der Schilddrüse gebildeten Hormone T3 und T4 dienen und diese Hormone bei Bedarf freisetzen.

Follikuläres Schilddrüsenkarzinom Krebsform der Schilddrüse

Gammakamera Gerät, das von der Körperoberfläche aus radioaktive Strahlung im Gewebe aufzeichnen kann und aus dieser Strahlung ein Bild zusammensetzt. Die Gammakamera wird bei der Szintigraphie der Schilddrüse eingesetzt.

Gen Erbanlage

Hashimoto-Thyreoiditis Schilddrüsenentzündung, die zu den Autoimmunkrankheiten zählt und chronisch ist. Die Folge der Hashimoto-Thyreoiditis ist häufig eine behandlungsbedürftige Unterfunktion der Schilddrüse.

Heißer Knoten Knotige Veränderung im Schilddrüsengewebe, die mehr Jod aufnimmt als das umliegende Gewebe; in der Regel verbirgt sich hinter einem heißen Knoten ein autonomes Adenom (siehe dort)

Hirnanhangsdrüse Auch Hypophyse genannt; zum Gehirn gehörende Drüse, die das Hormon TSH bildet, welches die Schilddrüse zur Herstellung und Ausschüttung ihrer Hormone anregt.

Hormon Von einer Drüse produzierter Botenstoff, der Informationen von einem Organ an andere Organe oder Zellen übermittelt.

Hyperthyreose Schilddrüsenüberfunktion; die Schilddrüse bildet aufgrund einer Störung zu viele Hormone, die in den Körperzellen den Stoffwechsel beschleunigen. Die Folge sind körperliche Beschwerden wie Herzrasen, Schweißausbrüche, Gewichtsabnahme und Gereiztheit.

Hypophyse Hirnanhangsdrüse

Hypothyreose Schilddrüsenunterfunktion; durch eine Störung stellt die Schilddrüse ihre Hormone nicht länger in ausreichenden Mengen her. Dieser Mangel an T3 und T4 führt zu gravierenden Beschwerden wie Gewichtszunahme, Abgeschlagenheit, Müdigkeit, verlangsamtem Herzschlag, Wassereinlagerungen im Gewebe.

i. v. intravenös; in der Regel Verabreichung von Medikamenten oder anderen Stoffen durch die Injektion des Stoffs in die Vene

Isthmus Gewebebrücke, die die beiden Lappen der Schilddrüse miteinander verbindet

Kalter Knoten Knotige Veränderung von Gewebe in der Schilddrüse; ein kalter Knoten ist funktionsuntüchtiges Schilddrüsengewebe, das kein Jod mehr aufnimmt. In seltenen Fällen kann ein kalter Knoten aus Krebszellen bestehen.

Karzinom Krebsgeschwulst

Kolloid Gelartige Substanz im Inneren der Schilddrüsenfollikel, in der die Schilddrüsenhormone T3 und T4 gespeichert werden. Hergestellt wird das Kolloid von den Schilddrüsenzellen.

Kropf Schilddrüsenvergrößerung, die in der Regel durch Jodmangel entsteht

Levothyroxin	Synthetisches Schilddrüsenhormon Thyroxin
MAK	mikrosomale Antikörper; Autoantikörper, die gefunden werden, wenn die Autoimmunkrankheiten Basedow'sche Krankheit und Hahsimoto-Thyreoiditis vorliegen.
Medulläres Schilddrüsenkarzinom	C-Zell-Karzinom; Krebs der C-Zellen
Metastasen	Tochtergeschwülste eines Karzinoms
Mikrogramm	Millionstel Gramm
Myxödem	Wassereinlagerung in der Haut bei einer Schilddrüsenunterfunktion. Das Myxödem lässt die Haut aufgequollen erscheinen.
Palpation	Abtasten bestimmter Körperstellen
Papilläres Schilddrüsenkarzinom	Bösartige Geschwulst der Schilddrüse
Prophylaxe	Vorbeugung
Radiojodtest	Untersuchung, die vor einer Radiojod-Therapie durchgeführt wird und mit der man feststellen kann, wie viel radioaktives Jod für diese Therapie erforderlich ist
Radiojod-Therapie	Behandlungsmethode, die sowohl zur Kropfverkleinerung, zur Behandlung autonomer Adenome sowie der Basedow'schen Krankheit und zur Nachbehandlung nach Krebsoperationen eingesetzt wird. Diese Therapie wird mit Hilfe von radioaktivem Jod (so genanntem I-131) durchgeführt.

Sonographie	Ultraschalluntersuchung
Struma	Kropf
Szintigraphie	Verfahren zur Feststellung der regionalen Schilddrüsenfunktion. Die Szintigraphie verwendet dazu radioaktiv markierte Stoffe, zum Beispiel 99mTc-Pertechnetat, eine kurzlebige, jodähnliche Substanz.
T3	Schilddrüsenhormon Trijodthyronin
T4	Schilddrüsenhormon Tetrajodthyronin = Thyroxin
Thiamazol	Medikament, das die Produktion von Schilddrüsenhormonen hemmt (so genanntes Thyreostatikum)
Thyreoglobulin	Eiweiß, das in der Schilddrüse die Hormone T3 und T4 speichert
Thyreoidea	Schilddrüse
Thyreoidektomie	Entfernung der Schilddrüse
Thyreoiditis	Schilddrüsenentzündung
Thyreostatika	Medikamente zur Hemmung der Schilddrüsenfunktion
Thyreozyten	Schilddrüsenzellen, die die Hormone herstellen
TRH	Hormon, das vom Zwischenhirn hergestellt wird und die Ausschüttung des Hormons TSH bewirkt
TSH	Hormon, das von der Hirnanhangsdrüse hergestellt wird und die Schilddrüse zur Produktion von Hormonen anregt

Adressen, die weiterhelfen können

An die folgenden Adressen können Sie sich wenden, wenn Sie weitere Informationen benötigen:

Schilddrüsen-Liga Deutschland e. V.
Postfach 80 07 40
65907 Frankfurt am Main
Telefax: 0 69/31 40 53 16

Die Schilddrüsen-Liga Deutschland hat es sich zur Aufgabe gemacht, Schilddrüsenexperten und Patienten an einen Tisch zu bringen. Ziele sind die Förderung des Wissens um die Krankheiten der Schilddrüse, ihre Vorbeugung, Früherkennung und bestmögliche Behandlung. Darüber hinaus unterstützt die Liga Patienten und ihre Angehörigen bei der Bildung von Selbsthilfegruppen auf örtlicher Ebene. Die Schilddrüsen-Liga Deutschland versendet kostenlos Informationsmaterial (legen Sie jedoch bitte einen großen mit 3 DM frankierten Rückantwortumschlag bei). Der Jahresbeitrag für Mitglieder der Liga beträgt 60 DM (Ärzte 100 DM, Senioren über 65 Jahre 30 DM). Mitglieder erhalten viermal im Jahr die Informationsschrift „Blickpunkt Schilddrüse“ und auf Anfrage Adressen von Schilddrüsenspezialisten in Ihrer Nähe, Unterstützung bei Bildung einer Selbsthilfegruppe und Informationen zu aktuellen Themen.

Schilddrüseninformationsdienst (SDID)
Bolongarostr. 82
65929 Frankfurt am Main
Tel.: 0 69/31 40 53 24 (Dienstag und Freitag 13–16 Uhr)

Register